아프지 않고
다치지 않게

동물을 제대로 잡는 방법

마츠하시 도모미츠 지음
조신일 (서울대공원 전문경력관) 감수
허영은 옮김

봄나무
Bomnamu Publishers, Inc.

추천의 글

요즘 우리 주변에서도 개인 취향이나 취미에 따라 각양각색의 동물을 입양하여 기르는 경우를 흔하게 볼 수 있어요. 이 책에 나오는 곤충에서부터 대형 파충류인 악어에 이르기까지 정말 이색적이고 다양한 동물이 가정에서 살고 있지요. 이것은 그만큼 우리가 동물을 제대로 다루는 방법을 알아야 한다는 뜻이기도 해요. 가정에서만이 아니라 동물 병원이나 동물원에서도 마찬가지지요. 동물을 기르다 보면 산책, 먹이 주기, 우리 청소, 치료 등의 일로 부득이 동물을 잡거나 붙들어야 하는 경우가 생기기 마련이에요. 이럴 때 사람과 동물 모두가 안전해야 하기 때문에 동물을 제대로 잡는 방법을 알아두는 것은 매우 중요해요. 그런데 사실, 이것보다 더 중요한 것이 있어요. 동물을 대할 때는 반드시 따뜻한 마음을 가져야 한다는 것이에요. 또 동물을 잡는 것은 재미나 놀이를 위한 것이 아니라 상호 교감과 관찰 등 꼭 필요한 상황에서 이뤄져야 해요. 그 뒤에는 자유를 찾아가도록 놓아주어야 하지요.

여러분이 이 책을 통해, 평상시 우리가 단순히 호기심으로 동물을 대하지는 않았는지 되돌아볼 수 있으면 좋겠어요. 우리 주변의 동물들은 사람의 따뜻한 손길과 보살핌을 필요로 해요. 그들만의 노력으로 살아가기에 현재 자연환경과 생태계가 너무도 많이 변해 있기 때문이에요. 이는 동물을 대할 때 그 어느 것보다 윤리적인 태도가 먼저여야 하는 이유이기도 하지요. 우리가 동물을 바라보는 시선을 조금만 돌린다면 '동물들과 함께하는 더 아름다운 세상'이 되지 않을까요?

서울대공원 전문경력관 조신일

들어가며

오랫동안 사랑을 듬뿍 주며 길러 온 반려동물도 기분이 안 좋으면 주인을 공격하는 경우가 있어요. 시골에서 도마뱀을 발견하고 평소와 똑같은 방법으로 다가갔는데, 생각지도 못한 몸놀림으로 덤벼 오기도 하고요. 반면에 독을 품은 곤충은 무서운 동물이지만, 자기의 적이 아니라고 판단하면 공격하지 않지요. 동물이 나의 생각과 달리 돌발 행동을 하는 경우는 생각보다 자주 일어난답니다.

어떤 종류의 동물이든, 동물도 저마다 성격이 다르다는 사실을 잊지 말아야 해요. 여러분이 아무리 동물에 대해 경험이 많고, 배짱이 두둑하고, 상냥하고, 지식이 풍부해도 모든 동물에게 통하지는 않거든요. 지금 마주하고 있는 것은 그냥 동물이 아니라 자기만의 성격을 가진 단 하나의 생명체이기 때문이에요!

동물의 몸 구조와 성격, 운동 능력은 물론이고 자세와 소리, 냄새, 내뿜는 기운 등 지금 눈앞에서 일어나는 상황의 모든 정보를 하나도 빠짐없이 모아서 동물의 행동을 예측할 수 있어야 해요.

동물을 사랑하고 아낀다면 제대로 다루는 법을 알아야 한다는 말이기도 해요. 지금부터 동물로부터 나를 안전하게 지키고, 동물도 다치지 않게 잡는 멋진 방법들을 하나씩 배워 보아요.

동물 사진작가 **마츠하시 도모미츠**

이 책의 사용법

이 책은 항상 동물 가까이에서 생활하는 각 분야의 전문가 선생님들이
'어떻게 하면 동물과 사람이 서로 안전하게 잘 지낼 수 있을까?'
하는 고민 끝에 알게 된, 동물 잡는 방법의 모든 것을 담고 있어요.

여러분이 '초보자'라면

먼저 이 책을 처음부터 끝까지 꼼꼼하게 읽으세요. 그중에서 실제로 본 적 있는 동물이 나오는 페이지에 표시를 해 두세요. 그러고는 그 페이지를 여러 번 읽어서 다루는 방법을 머릿속에 잘 담아 두는 거예요. 책의 내용을 완벽하게 기억했다면, 다음에 또 그 동물과 마주쳤을 때 아주 능숙하고 멋지게 잡을 수 있을 거예요. 처음 만나는 동물이라 하더라도 당황하지 않고 가까이 다가갈 수 있도록, 이 책을 가방 속에 넣고 다니면서 매일 읽어 보기를 추천할게요.

여러분이 '경험자'라면

동물에 관심이 있는지 없는지에 상관없이 우선 이 책을 처음부터 끝까지 샅샅이 읽어 보자고요. 그리고 책의 내용이 어느 정도 익숙해지면, 지금까지 여러분이 어떻게 동물을 다루어 왔는지 책의 내용과 비교해서 차이점을 생각해 보길 바랄게요. 처음 만나는 동물이라면 이 책에 실린 내용을 있는 그대로 받아들이면 좋겠어요. 만났던 동물이라면 지금까지 여러분이 해 왔던 방법과 이 책의 방법 중 어느 쪽이 자기에게 맞는지, 어느 쪽이 안전한지 직접 시도해 보며 알아보세요. 직접 해 봤을 때 더 쉽게 느껴지는 쪽이 여러분에게 맞는 방법이랍니다.

여러분이 '절대로 동물을 만지지 않는 사람'이라면

만약 여러분이 동물을 만지고 싶지 않다고 하더라도, 일단 이 책을 처음부터 끝까지 읽고 가방에 넣어 주면 좋겠어요. 그리고 길을 가다가 동물을 만져 볼까 말까 고민하는 친구를 만났을 때 이 책을 추천해 주세요. 이렇게 하면 동물을 만지지 않아도 동물을 제대로 잡는 방법의 전도사가 될 수 있겠지요!

- 2 들어가며
- 4 이 책의 사용법

1 우리 주변의 동물

동물 사진작가는 이렇게 해요!

장수풍뎅이	12
사슴벌레	14
하늘소	16
메뚜기, 여치, 귀뚜라미	18
사마귀	21
잠자리	22
나비	24
물에 사는 곤충	26
가재	28
게	30
달팽이와 민달팽이	32
두꺼비와 개구리	34
도마뱀	36
뱀	38

Colomn
40 야외에서 만난 동물을 만지기 전에

아프지 않고
다치지 않게

동물을 제대로
잡는 방법

애완동물 전문점을 운영하는 전문가는 이렇게 해요!

2 곤충&벌레&희귀 애완동물

전갈	46
타란툴라	48
대형 장수풍뎅이	50
대형 사슴벌레	52
노래기와 바퀴	54
친칠라	56
다람쥐	58
유대하늘다람쥐	60
햄스터	62
팬더마우스	64
닭과 병아리	66

Colomn

68 　장수풍뎅이를 쫓아내는 방법
69 　화가 잔뜩 난 사슴벌레를
　　　상자에서 간단하게 꺼내는 방법

3 반려동물&그 밖의 동물

다양한 동물을 치료하는 수의사 선생님은 이렇게 해요!

개	74
고양이	76
페럿	78
토끼	80
사랑앵무	82
큰소쩍새	84
프레리도그	86
고슴도치	88

Colomn

- 90 동물들의 발톱 손질
- 92 동물 잡기의 핵심 기술!

파충류 전문점을 운영하는 전문가는 이렇게 해요!

파충류

왕도마뱀	96
중형 도마뱀	100
레오파드게코	102
토케이게코	104
독이 없는 중형 뱀	106
무족도마뱀	110
뱀목거북	112
자라	114

Colomn
116　(응용편) 위험 동물!

122　마치며
124　이 책에 등장하는 동물들
129　신기하고 재미있는 동물을 만날 수 있는 곳

● 일러두기　이 책에서는 개와 고양이, 토끼 등과 같이 인간과 오랫동안 친숙하게 지내 온 동물들은 '반려동물'로, 집에서 흔히 볼 수 없는 곤충이나 전갈, 타란툴라 등은 '희귀 애완동물'로 표기했습니다.

1 동물 사진작가는 이렇게 해요!

요즘 초등학생 친구들은 먼저 다가가 동물을 마주할 일이 별로 없지요. 어쩌면 여러분의 엄마와 아빠가 자연 속에서 동물들과 마음껏 뛰어 놀아 본 경험이 별로 없어서, 걱정하는 마음에 "위험하니까 만지지 마!"라고 당부하셨을지도 모르겠어요. 왠지 조금 안타깝게 느껴지는 이야기예요. 앞으로 나오는 동물 박사님들은 어떤 동물이든 만질 수 있어요. 그렇다고 여러분이 모든 동물을 만져도 되는 것은 아니에요. 하지만 적어도 우리 주변의 동물들에게는 손을 내밀어 보는 건 어떨까요? 먼저 주변에서 쉽게 만날 수 있는 동물과 친해지는 방법부터 정복해 보자고요!

Profile
마츠하시 도모미츠

수족관에서 사육사로 일하다가 동물 사진작가가 되었어요. 물가에 사는 동물이나 수족관과 동물원에 사는 동물, 특이한 반려동물을 촬영하면서 어린이책 작가로도 활동하고 있답니다.

우리 주변의 동물

장수풍뎅이

작은 뿔을 잡아라!

우리 주변의 동물

머리에 달린 큰 뿔이 잡기 쉬워 보이지만, 위아래로 움직이기 때문에 적합하지 않아요!

다리에는 나무에 잘 오를 수 있게 해 주는 날카로운 갈고리 모양의 발톱이 있으니 조심!

가슴 부분의 작은 뿔을 잡으면 안전해요.

날개 옆 부분을 잡아도 좋지만, 미끄러워서 놓치기 쉬워요.

DATA

길이 5cm

자주 발견되는 장소
6~9월, 수액이 흐르는 나무에 붙어 있어요. 때로는 밤에 불빛을 쫓아 창문으로 날아드는 경우도 있지요. 사육 방법이 간단하고 알도 금방 낳기 때문에 사육 관찰용 곤충으로 적합해요.

곤충 힘겨루기 대회라도 열리면, 코카서스왕장수풍뎅이처럼 몸집이 큰 전사들의 활약이 돋보이지요. 하지만 평범한 장수풍뎅이의 기세도 결코 만만치 않답니다. 많은 아이들이 작은 몸집으로 거대한 전사에 맞서서 끈질기게 버티는 장수풍뎅이를 응원해요. 마치 올림픽 경기에 출전한 우리나라 선수에게 파이팅을 외치는 것처럼요.

아마도 장수풍뎅이가 시골 숲이 아닌 도심 속 공원에서도 쉽게 만날 수 있는 곤충이기 때문일 거예요. 밤에는 창문이나 가로등 근처로 날아들기도 하고(주로 암컷이 많아요.), 또 캠프장 램프에 이끌려 돌진하기도 해요. 이렇게 장수풍뎅이는 어디서나 발견될 뿐 아니라, 남자아이라면 한 번쯤 길러 본 적 있는 친숙한 존재이지요.

뿔이 달린 수컷 장수풍뎅이는 잡을 수 있는 부분이 튀어나와 있으니 아무나 쉽게 잡을 수 있어요. 그렇다면 뿔이 없는 암컷은 어떻게 하면 좋을까요?

How to hold

암컷은 잡을 뿔이 없어서 몸통을 잡아요.

암컷 장수풍뎅이를 잡을 때는 이렇게 해 봐요

여러분은 수컷 장수풍뎅이를 슬쩍만 봐도 '작은 뿔'을 잡아야 한다는 사실을 금방 알 수 있을 거예요. 큰 뿔은 머리에서 자라나 있고 싸울 때 공격 무기가 되기 때문에 움직임이 크지만, 작은 뿔은 앞가슴등판에 고정되어 있기 때문에 잡기가 쉬워요. 그럼 뿔이 없는 암컷은 어떻게 잡아야 할까요? 맞아요. 암컷은 다루기가 매우 힘들어요. 날개 옆의 몸통을 잡아야 하는데, 미끄러워서 놓치기 쉽고 빠져나가려고 안간힘을 쓰거든요. 그럴 때는 배 아래와 날개 위를 감싸 쥐는 것도 하나의 방법이에요. 발톱에 긁혀서 따끔할 수는 있겠지만 놓치지 않고 잡을 수 있어요.

사슴벌레

'눈 옆'을 노려라!

> 우리 주변의 동물

사슴벌레는 포츠카처럼 멋진 외모에 즉각적으로 위협해 오는 공격적인 성격을 갖고 있어요. 또 사슴벌레는 아종*을 제외하고도 48종류나 있어요. 어른이 숲에서 마음먹고 찾으면 5종류 정도는 손쉽게 잡을 수 있어서, 수집하는 보람도 있지요. 사슴벌레는 사람을 설레게 하는 매력적인 곤충이라 어른이고 아이고 할 것 없이 모두 사슴벌레를 좋아한답니다. 너무나 멋진 만큼 잡을 때도 폼 나게 잡고 싶겠지요. 어떻게 잡으면 될까요?

*아종: 생물 분류의 기본 단위인 '종'의 바로 아래 단위예요. 같은 종에서 형태나 크기, 무늬, 색상 등 외형적인 특징과 지리적 분포가 다른 경우를 말해요.

큰턱을 조심하세요.

How to hold

톱사슴벌레

앞가슴등판, 눈 옆 주변이 가장 잡기 좋은 부분이에요.

날개 옆을 잡아도 좋지만, 놓치기 쉬워요.

DATA

길이 암컷 3cm, 수컷 6cm
자주 발견되는 장소
6~9월 무렵 수액이 흐르는 나무에서 자주 볼 수 있고, 밤이면 가로등 주변에서도 보여요. 해가 지고 난 뒤 불빛에 이끌려 창문으로 날아들기도 하지요.

왕사슴벌레

왕사슴벌레의 큰턱은 짧고 힘이 세서 물리면 눈물이 쏙 빠질 정도로 아파요!

큰턱을 조심하면서 양옆으로 접근한다!

사슴벌레는 어떤 종류든지 잡는 법이 거의 같아요. 기본적인 방법은 뒤쪽에서 다가가 앞가슴등판이나 머리 부분의 양옆을 손가락으로 쥐는 것이에요. 만약 사슴벌레가 잔뜩 화가 나서 공격할 태세를 취하고 있다면 앞쪽에서 손을 뻗어 앞가슴등판과 머리 부분을 감싸 쥐는 방법도 괜찮아요. 상황에 따라서는 큰턱을 잡는 방법도 시도할 수 있는데, 왕사슴벌레는 외국의 대형 사슴벌레만큼 턱이 길고 크지 않아서 추천할 만한 방법은 아니에요.

How to hold

날개 옆이나 앞가슴등판 중에서 잡기 쉬워 보이는 곳을 잡으면 된답니다

외계인이 아니에요!

몸집이 클수록 발톱이 날카롭고, 찔리면 많이 아파요.

DATA
길이 암컷 4cm, 수컷 7cm
자주 발견되는 장소
6~9월 무렵 나무의 벌어진 틈 사이에 숨어 있어서 발견하기 어려워요.

하늘소

손가락으로 날개 양옆을 잡아라!

우리 주변의 동물

큰 하늘소도 작은 하늘소도

하늘소의 몸은 매끈매끈해서 놓치기 쉽고, 어떤 하늘소는 앞가슴에 가시가 돋아 있기도 해요. 그래서 앞가슴을 잡는 방법으로는 모든 하늘소를 잡을 수 없어요. 대신 손가락으로 날개의 양쪽을 잡아 볼까요? 이 방법이라면 작은 하늘소부터 큰 하늘소까지 물릴 일 없이 안전하게 잡을 수 있어요. 참나무하늘소는 잡히면 어찌나 싫어하는지 '끽끽' 하고 큰 소리로 우는데, 단순한 위협이니 깜짝 놀라서 놓치지 않도록 조심하세요.

How to hold

가시가 있는 이 부분을 모르고 잡았다가는 큰 코 다칠 수 있어요

참나무하늘소

딱딱한 날개 부분 옆을 잡아요. 놓치기 쉬우니, 버둥거리면 무리하지 말고 놓아주도록 해요!

멋진 선글라스를 걸친 듯한 눈, 커다란 이빨, 날렵한 몸매까지! 무척 근사하죠? 정말 멋져요! 머리부터 발끝까지 매력이 넘치는 하늘소는 나무가 많은 공원이나 동네 이곳저곳, 밤의 가로등 주변에서 쉽게 볼 수 있지요. 하지만 자세히 들여다 보면 작은 하늘소부터 큰 하늘소까지 종류도 참 다양해요. 게다가 무시무시한 이빨과 가시 돋친 까끌까끌한 몸을 갖고 있을 뿐 아니라, 가까이 다가가면 금세 눈치를 채고 하늘로 박차고 날아올라서 잡기가 어렵다니까요! 어떻게 하면 좋을까요?

DATA

길이 6cm

자주 발견되는 장소
6~8월, 더운 날이면 현관의 불빛이나 가로등 주변으로 날아들어요.

옆에서 본 모습

멋있는 선글라스를 쓴 것 같은 얼굴이에요. 사실 참나무하늘소의 선글라스는 엄청나게 많은 눈이 모여 생긴 겹눈이에요.

밑에서 본 모습

짧고 날카로운 턱(이빨)에 물리면 무척 아파요.

이 턱에는 절대 물리고 싶지 않은걸.

메뚜기, 여치, 귀뚜라미

'단단한' 가슴의 옆쪽을 공략하자!

> 우리 주변의 동물

DATA
길이 암컷 9cm 수컷 5cm
자주 발견되는 장소
7~11월, 넓은 풀숲이나 강변에서 볼 수 있어요.

How to hold

방아깨비

이 주변이 단단하니 가슴 옆 부분을 잡아요.

긴 다리를 이용해 자꾸 발차기를 날리는데, 맞으면 생각보다 아파요!

앞가슴을 잡는 것이 기본!

메뚜기의 몸 중에서 가장 단단한 곳은 날개가 돋아난 앞가슴 주변이에요. 기본적인 방법은 앞가슴의 양옆을 손가락으로 살짝 잡는 것이에요. 엄지손가락과 집게손가락에 너무 힘이 들어가지 않도록 조심스럽게 잡아 보세요. 이건 방아깨비나 밑들이메뚜기처럼 메뚜기 종류 중에서도 몸집이 큰 녀석들에게 통하는 방법이에요.

들 판이나 강변, 마당이나 공원 같은 곳 어디라도 메뚜기와 여치, 귀뚜라미 친구들을 만날 수 있어요. 이런 곤충 친구들을 발견하면 저절로 손부터 뻗게 되지요. 하지만 엉뚱한 방법으로 잡으면 곤충의 뒷다리가 떨어져 버리거나 큰턱에 물리거나 가시가 삐죽삐죽한 몸통에 찔리는 위기의 순간이 찾아온답니다.

곤충 채집망 같은 도구를 사용해서 잡을 때는 곤충을 망의 구석진 곳으로 몰아서 어디를 잡을 것인지 먼저 살펴본 후에 잡도록 해요.

이 부분은 단단하지만 머리가 휙휙 움직이기 때문에 적당하지 않아요.

다리의 관절 주변을 잡으면 좋답니다.

사실은 육식을 하는 동물이라서 물리면 많이 아파요.

여치

How to hold

다리 잡기는 금지!

한쪽 다리만 잡으면 몸무게를 이기지 못하고 다리가 통째로 '툭' 하고 떨어져 버릴 수도 있어요. 절대로 추천하지 않는 방법이에요! 어디를 잡으면 좋을지 고민이 될 때는 양쪽 다리를 모아서 잡아 보세요. 여치 종류처럼 물리기 쉽고 잡을 곳이 마땅하지 않은 곤충들에게 효과적인 방법이에요. 대부분의 메뚜기 종류에서 쓸 수 있는 방법이기도 해요.

DATA

길이 3.5cm 정도
자주 발견되는 장소
6~9월 무렵 강변이나 풀숲에 가면 잘 자란 풀 위에 앉아 울고 있는 모습을 볼 수 있어요.

다리에는 가시가 많아서 무리하게 잡으면 따끔해요.

이럴 때는 손바닥을 사용해 보세요!

메뚜기 종류 중에서 가장 다루기 힘든 것은 왕귀뚜라미예요. 물리면 굉장히 찝찝하고, 다리는 까끌까끌해서 만지면 따가운 데다가 짧아서 잡기도 어려워요. 게다가 탄력 있고 부드러운 몸은 잡았을 때 기분 나쁜 감촉을 주지요. 잡기 싫은 곤충을 뽑으라면 단연 1등일 거예요. 이럴 때는 차라리 손바닥을 확 펼쳐 잡은 뒤에 손안에서 자유롭게 놀도록 하는 것이 제일 좋아요.

왕귀뚜라미

DATA
길이 3cm 정도
자주 발견되는 장소
8~11월 무렵 우거진 수풀이나 낙엽 아래에 숨어 있는 경우가 많아요.

친척뻘인 메뚜기나 여치 중에서도 가장 큰 이빨을 갖고 있어요!

모아 잡는 기술

매부리는 다리를 잡으면 벗어나려고 버둥질을 쳐요. 그러다 다리가 끊어져 버릴 수도 있어요. 이 조그마한 곤충의 어딜 잡아야 할지 참 난감하죠? 그럴 때는 양쪽 다리를 모은 다음, 날개와 함께 잡는 기술을 발휘해 보세요. 이 방법이라면 난리를 피우던 녀석을 얌전하게 만들 수 있어요. 맹렬하게 반항하던 기세도 한풀 꺾일 테니 안심이 되겠지요? 연약한 실베짱이나 쌕새기에게도 사용할 수 있는 기술이에요.

좀매부리

다리의 관절과 날개를 잘 모아서 잡아요.

DATA
길이 5cm 정도
자주 발견되는 장소
4~7월, 9~11월 무렵 강변이나 논의 수풀에 있어요.

사마귀

풀숲의 강도에게 방심하지 말 것!

우리 주변의 동물

퀴즈! 풀숲을 어슬렁거리는 강도 같은 곤충은 누구일까요? 바로 사마귀예요. 몸 전체에 흐르는 세련미와 번뜩이며 위협하는 눈빛이 정말 매력적이지요. 공격 태세를 취한 사마귀와 마주하고 있으면, '이 녀석이 고양이만큼 컸다면 못 이길 것 같다' 혹은, '사람만큼 컸다면 세계 정복도 했을 것 같다'는 여러 가지 생각이 머릿속을 스치지요. 하지만 제대로 잡기만 하면 무섭지 않아요.

DATA
길이 8cm 정도
자주 발견되는 장소
7~11월 무렵에 정원이나 논 등의 수풀에서 자주 보여요.

좁다란 가슴 부분을 잡을 때 앞다리 관절도 함께 감싸 쥐면 웬만한 공격은 모두 막을 수 있어요.

How to hold

손으로 잡힌 상태에서도 부드러운 관절을 이용해서 약한 힘으로나마 계속 덤벼 오는데, 당하면 꽤 얼얼하답니다!

관절을 제압하라!

사마귀는 낫처럼 생긴 앞다리를 사용해 민첩하게 공격해요. 그래서 상대 선수의 펀치를 피하려는 권투 선수처럼 요리조리 움직이면서 뒤쪽으로 가 좁은 가슴을 잡아야 해요. 엉뚱한 부분을 잡으면 낫 모양의 앞다리가 뻗쳐 와 위험할 수도 있어요. 하지만 앞다리의 부드러운 관절 주변을 손가락으로 눌러 잡으면 사마귀에 공격당하지 않고 물릴 일도 없지요.

사마귀

잠자리

날개를 모아서 조심조심!

우리 주변의 동물

여 러분은 잠자리를 잡아 본 적이 있나요? 어떤 방법으로 잡았나요? 혹시 잠자리의 눈앞에서 손가락을 뱅글뱅글 돌리며 다가갔나요?

사실은 이 방법을 시도할 수 있을 만큼 잠자리에게 가까이 다가갔다면, 아래쪽에서부터 슬그머니 대각선 위까지 손을 뻗어서 순식간에 손바닥으로 확 덮치는 방법이 더 효과적이에요. 물론 이때 시선은 잠자리에 고정되어 있어야 해요!

잠자리를 잡고 나서는 재빨리 올바른 방법으로 고쳐 잡지 않으면 꽉 물려요. 잠자리는 날개를 모아서 손가락 사이에 끼우면 돼요.

배치레잠자리

먹줄왕잠자리

날개를 소중하게 다루기

잠자리는 귀여운 얼굴을 하고 있어서 눈치를 못 챘을지도 모르지만, 사실은 훌륭한 육식 동물이랍니다! 물리면 의외로 아프니까 물리지 않도록 날개를 잘 잡아야 해요. 곤충 채집망이나 맨손으로 잡았다면 재빨리 날개를 모아서 집게손가락과 가운뎃손가락 사이에 끼워요. 이 방법이라면 물리지도 않고 잠자리 날개에 상처를 입힐 일도 없지요.

How to hold

된장잠자리

깃동잠자리붙이

장수잠자리

황등색실잠자리

나비

날개의 '비늘가루'가 아주 중요하다는 사실!

우리 주변의 동물

고운 빛깔의 예쁜 날개로 팔랑팔랑 날아다니는 나비는 간단하게 잡을 수 있을 것 같다고요? 사실 나비는 여유가 넘치는 비행 선수랍니다. 자기를 정확히 겨누어 덮쳐 오는 곤충 채집망도 사뿐하게 피해서 날아가 버리지요. 나비를 잡으려면 곤충 채집망을 사용하는 연습을 많이 해야 할 거예요.

나비를 잡을 때 가장 신경 써야 할 것은 바로 '비늘가루(인분)'예요. 비늘가루는 나비의 날개를 화려한 무늬로 수놓을 뿐 아니라, 거미줄에 걸렸을 때에도 달라붙지 않아 도망칠 수 있게 해 주지요. 또 빗속에서는 날개에 닿는 빗방울을 튕겨 내며 계속 날아다닐 수 있게 해 주는 등 중요한 역할을 한답니다.

나비를 잡은 뒤 표본을 만들 때나 놓아줄 때, 비늘가루가 떨어지지 않게 조심스럽게 다뤄야 한다는 사실을 기억하세요!

호랑나비

산호랑나비

최대한 보호해 주세요

비늘가루는 나비의 '생명'이라고 해도 지나치지 않아요. 나비를 잡은 다음에는 비늘가루가 떨어지지 않도록 집게손가락과 가운뎃손가락 사이에 날개를 끼우는 것이 가장 좋은 방법이에요! 손가락 끝으로 잡으면 나도 모르게 나비의 날개에 상처를 입히거나 비늘가루를 떨어지게 할 수 있어요. 날개를 손가락 사이에 끼우면 그런 위험을 방지할 수 있지요.

How to hold

작은주홍부전나비

청띠제비나비

배추흰나비

제비나비

물에 사는 곤충

무조건 찔리지 않도록 조심!

우리 주변의 동물

물에 사는 곤충은 점점 희귀한 동물이 되어 가고 있어요. 그래서 더 조심히 다뤄야만 해요. 수서곤충들은 먹잇감에 뾰족한 입을 찔러 넣어 체액을 쪽쪽 빨아 먹어요. 이들에게 손이라도 찔리면 말도 못하게 아프지요. 어떻게 다가가면 좋을지 망설여져요.

부드럽게 대하는 것이 기본 방법

곤충의 뾰족한 입에 찔리지 않기 위해서는, 집게손가락과 엄지손가락만 사용해서 잡는 것이 기본이에요. 물장군은 날개도 몸도 단단하고 튼튼하기 때문에 평범하게 몸통 양옆을 잡으면 돼요. 납작한 장구애비는 위아래로 누르듯이 손가락 사이에 끼워서 잡는 것이 좋고, 물자라도 같은 방법으로 잡는 것을 추천해요. 게아재비도 잡는 방법은 같지만 좁고 길쭉한 몸을 잡을 때 너무 힘을 주지 않도록 조심해 주세요. 송장헤엄치게는 작아서 잡기 어려우니 무리해서 손으로 잡으려 하지 말고 곤충 채집망 같은 도구를 이용하는 것이 좋아요. 어떤 수서곤충을 만나도 부드럽게 힘을 조절해 가며 잡도록 해요.

송장헤엄치게

How to hold

물과 함께 건져 올리면 아무렇지 않지만, 물이 없어지는 순간 바로 찌르기 때문에 추천하고 싶지 않은 방법이에요.

물장군

비교적 몸이 단단하기 때문에 옆에서 잡아도 OK!

이 부분을 옆에서 잡아요.

두꺼운 입에 물리면 울고 싶을 만큼 많이 아파요.

DATA

길이 6cm
자주 발견되는 장소
5~9월 무렵 일부 지역의 논에서 볼 수 있는데, 볼 수 있는 장소가 점점 줄어들고 있어요.

How to hold

가재

집게발에 눈을 떼지 않으면서, 등 뒤로 다가가기!

> 우리 주변의 동물

가재는 외국에서 온 동물로 가끔은 악당 취급을 받기도 해요. 하지만 동물 키우는 법이나 다루는 법을 배우는 데에는 안성맞춤인 동물이에요. 새빨갛게 빛나는 몸은 멋질 뿐만 아니라 튼튼하기도 하고, 집에서 키우기도 아주 쉬워요. 잘 돌보면 알을 낳는 장면이나 허물을 벗는 장면도 관찰할 수 있지요.

하지만 강력한 집게발을 갖고 있기 때문에 잡는 방법을 제대로 알아 두지 않으면 상처를 입을 수도 있어요!

미국가재

How to hold

딱딱한 껍질의 옆쪽을 잡아요.

큰 집게발에 물리면, 너무 아파서 눈물이 날지도 몰라요.

DATA

길이 12cm 정도
자주 발견되는 장소
하천의 물이 고인 곳이나 수로, 논, 연못, 웅덩이 같은 곳에서 볼 수 있어요.

일본가재

몸집은 작지만 물렸을 때의 아픔은 장난이 아니랍니다.

DATA
길이 6cm
자주 발견되는 장소
일본의 홋카이도나 도호쿠의 일부 지역에서만 볼 수 있어요.

How to hold

아파요, 아파!
절대로 물리지 마세요!

배 아랫부분에 알을 품고 있으면 바로 물로 돌려보내 주세요.

가재를 만났을 때는 집게발만 조심하면 큰 문제가 없어요. 기본적인 방법은 뒤쪽으로 손을 뻗어 딱딱한 껍질 부분을 재빠르게 잡아 버리는 거예요. 그렇게 하면 집게발이 우리 몸에 닿지 않으니 안전하지요. 큰 집게발을 가진 가재보다 오히려 작은 집게발을 가진 가재가 잡힌 상태에서도 손가락을 공격해 올 수 있기 때문에 더 신중하게 다가가야 해요!

게

최강 '야자집게(코코넛 크랩)'는 위험도 최고!

우리 주변의 동물

야자집게의 집게발은 게 중에서도 최강이기 때문에 절대로 물리면 안 돼요.

꽃게와 사촌지간인 여섯갈래민꽃게의 집게발에 물리면 정말 아파요!

여섯갈래민꽃게

야자집게

세 손가락으로 집게발까지 야무지게 움켜쥐어야 해요.

DATA
길이 40cm
자주 발견되는 장소
동남아시아 여러 섬에 넓게 분포해 있는데 야자수가 있는 해안가에 살아요. 야자나무 위에 올라가 살지요.

첫 번째 다리를 등 뒤에서 잡으면 집게발로부터 안전합니다.

How to hold

DATA
길이 7cm
자주 발견되는 장소
바위가 많은 지역 바위 사이에 물이 고인 곳에 살아요.

 다와 개천에는 크고 작은 게들이 살고 있어요. 도망치는 게의 발 빠른 움직임은 잡고 싶다는 사람의 본능을 자극하는 것 같아요. 그 모습을 보다 보면 어느새 빠져들어서 뒤를 쫓게 되지요. 사실은 이런 상대와 맞닥뜨렸을 때야말로 조심해야 한답니다.

번개같이 빠르고 정확한 판단을 내린 다음, 망설임 없이 순식간에 낚아채야 해요. 그렇지 않으면 금세 사라지거나 강력한 집게발에 공격을 당해, 지금껏 겪어 보지 못한 아픔을 맛봐야 하거든요.

뭍게

DATA
길이 10cm
자주 발견되는 장소
남서 지역 섬들의 해안선이나 길 위에 나타난답니다.

보통은 양쪽 겨드랑이를 잡으면 안전해요.

움직임은 느리지만, 집게발의 힘은 천하장사이니 조심하세요!

How to hold

강한 집게발에 주의하세요!

게 종류를 잡는 기본적인 방법은, 등딱지 아래의 양쪽 겨드랑이를 엄지손가락과 집게손가락으로 꽉 잡는 거예요. 참 간단하죠? 큰 게든 작은 게든 모두 이 방법으로 잡을 수 있어요. 하지만 여섯갈래민꽃게처럼 성격이 드세고 공격적인 게는 이 방법이 통하지 않아요. 한번 잡히면 도망가려고 사정없이 발버둥을 치고, 그래도 놓아주지 않으면 등딱지와 다리를 이용해서 계속 위협을 해요. 이럴 때는 엄지손가락과 집게손가락, 가운뎃손가락으로 등딱지와 양쪽 집게발을 눌러서 움직일 틈이 없게 만드는 수밖에 없답니다.

가장 위험한 것은 야자집게예요. 야자집게에게 물리면 피가 나는 정도로 끝나지 않는답니다. 소라게의 친척뻘인 야자집게는 등딱지가 없기 때문에 어디를 잡아야 할지 난감할 때가 있어요. 하지만 큰 집게발을 등지고 첫 번째 다리를 꽉 잡으면 집게발의 움직임을 피할 수 있어요.

민물게

작아서 잡기 어려워요. 양쪽 겨드랑이를 잡는 것이 가장 안전한 방법이에요.

DATA
길이 3cm
자주 발견되는 장소
늪이나 휴경논, 강가의 모래밭처럼 항상 젖어 있는 곳의 바위틈에 있어요.

달팽이와 민달팽이

큰 더듬이에 눈이 있어요!

우리 주변의 동물

기 분 나쁘게 끈적끈적하고 미끈미끈한 달팽이는 인기가 좋지 않지만, 생활 속에서 자주 만나게 되는 동물 중 하나 아닌가요? 마당을 스멀스멀 기어 다니는 민달팽이를 어떻게 하면 좋을까요? 여러분 중에는 집에서 달팽이를 키워 보고 싶은 친구도 있겠지요? 맨손으로 잡기 싫을 수 있지만, 만약을 위해 꾹 참고 잡는 방법을 알아보기로 해요.

큰 더듬이(눈자루) 끝에 눈이 있지만 시력이 좋지는 않아요.

작은 더듬이

육상달팽이

How to hold

숨구멍은 여기에 있어요.

껍데기는 생각보다 부드러우니 깨지지 않도록 조심하세요.

DATA

길이 4cm 정도
자주 발견되는 장소
4~10월 무렵 비 오는 날 나뭇잎 위나 콘크리트 벽 위에서 발견되고는 해요.

두줄민달팽이

How to hold

나를 젓가락으로 집다니······. 이대로 배 속에 넣는 것은 아니겠지!

DATA
길이 5cm 정도
자주 발견되는 장소 1년 내내 화분 밑에서 볼 수 있어요.

미끄러워지면 상황 종료!

달팽이는 껍데기를 잡으면 아무 문제가 없어요. 엄지손가락과 집게손가락으로 살짝 잡아요. 껍데기는 약하기 때문에 조심해서 잡아야 해요. 달팽이가 기어갈 때 나오는 미끌미끌한 체액은 껍데기가 스르륵 밀려서 쉽게 이동할 수 있도록 도와주지요. 체액은 달팽이가 몸을 늘릴 때 나오니, 그 느낌이 싫다면 가볍게 흔들어서 껍데기 안으로 쏙 들어가게 하면 돼요. 민달팽이는 맨몸뚱이로만 기어 다니기 때문에 너무 미끄러워 손가락으로는 잡기 어려워요. 하지만 젓가락을 사용하면 문제없답니다. 옻칠을 한 좋은 젓가락으로 잡으면 미끄러지니, 버려도 상관없는 일회용 나무젓가락을 쓰세요.

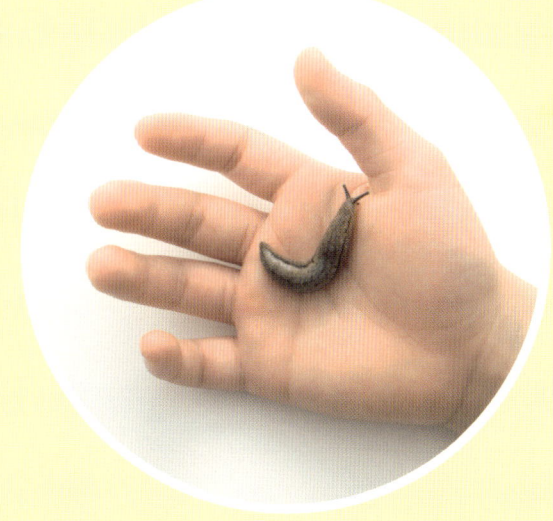

산에 사는 산민달팽이는 10cm 정도까지 자라요. 젓가락으로 집기 어려울 만큼 크기 때문에 손바닥 위에 올리는 수밖에 없어요. 물론 마음이 내키지 않으면 억지로 잡지 않아도 괜찮아요.

미끌미끌한 체액이 나오기 시작하면 나무젓가락으로도 잡을 수 없어요!

> 우리 주변의 동물

두꺼비와 개구리

두꺼비는 사실 독을 품고 있어요!

숲 이나 개천, 논에서 개구리와 만나면 참 반갑지요. 하지만 막상 잡으려 하면 날쌔게 튀어 오르고, 피부는 너무 연약해 보이고, 잘못해서 작고 귀여운 개구리를 밟으면 어쩌지 하는 생각에 머뭇거린 적은 없었나요? 어떤 사람은 "개구리는 피부가 예민해서 사람 손의 열로도 화상을 입는다."라고 이야기해요. 그런데 개구리는 한여름의 불볕더위 속에서도 나뭇잎 위에 늘어져서 태평하게 잠을 자고, 올챙이는 제법 미지근한 물웅덩이에서도 자라는 것처럼 더운 환경 속에서도 멀쩡하게 잘 지내요. 오랫동안 손에 쥐고 돌아다니거나 잡아당기고 일부러 짜부라뜨리지만 않으면 괜찮으니, 너무 걱정하지 말고 개구리 잡기에 도전해 보세요!

두꺼비

귀밑샘에서 독을 내뿜어요. 이곳은 만지지 마세요!

How to hold

점프는 서툴러도 잘 걷기 때문에 다리 힘이 좋아요.

두꺼비는 독이 있으니 조심!

어떤 두꺼비는 눈 뒤쪽 귀밑샘에 독을 담아 두었다가 위험을 느끼면 하얀색의 끈적끈적한 독을 내뿜기도 해요. 이 독은 등에서 분비되는 경우도 있으니, 만약을 대비해 독이 나올 수 있는 두 곳을 피해서 허리를 잡아야 해요. 두꺼비가 온몸으로 힘을 쓰면서 빠져나가려고 하면 뒷다리도 손바닥으로 감싸 버리세요.

DATA

길이   15cm 정도

자주 발견되는 장소
4~11월 무렵 숲에서 집 앞마당까지 동에 번쩍 서에 번쩍하며 곳곳에 나타나요.

How to hold

옴개구리

옴개구리는 살짝 잡아요

옴개구리는 겨드랑이 부분을 살짝만 잡아도 달아나는 것을 포기하고 움직임을 멈추는 경우가 많아요. 이 방법은 대부분의 개구리에게 통하지만, 떨어뜨리기 쉬워서 자주 사용하지 않는 편이 좋아요.

DATA
길이 4cm 정도
자주 발견되는 장소
4~10월, 수로에서 시냇물까지 물이 흐르는 환경이라면 어디든지 좋아해요.

도쿄달마개구리

도쿄달마개구리의 점프를 막아라!

도쿄달마개구리와 참개구리, 송장개구리는 점프력이 뛰어나서 어설프게 잡으면 한바탕 난장판이 벌어져요. 이런 개구리들은 확실하게 허리부터 뒷다리까지 감싸듯이 쥘 필요가 있어요. 손에서 빠져나가려는 개구리와 힘 싸움을 하다가 떨어뜨릴지도 모르고, 다리 같은 곳을 다치게 할 위험도 있기 때문이에요.

DATA
길이 6cm 정도
자주 발견되는 장소
5~9월, 습지나 논 주변에서 볼 수 있어요.

청개구리

청개구리는 감싸듯이 잡아요

나뭇잎 위에서 흔히 발견되는 청개구리를 잡고 싶다면 주저하지 말고 청개구리에게 살금살금 다가가 보세요. 그런 다음 양손으로 나뭇잎까지 한꺼번에 손안에 넣고, 청개구리가 손바닥 쪽으로 옮겨 간 느낌이 들 때 조심스럽게 나뭇잎을 빼내고 청개구리만 남겨요. 포개진 양손 사이 공간을 최대한 넓게 해 주는 것이 중요해요. 이건 청개구리 말고도 산청개구리같이 작은 개구리들에게 통하는 방법이에요.

DATA
길이 4cm 정도
자주 발견되는 장소
4~11월, 논 주변 수풀 같은 곳에서 풀 위에 앉아 있는 경우가 많아요.

우리 주변의 동물

도마뱀

거북이처럼 느려지는 아침 시간을 노려라!

도마뱀은 주변에서 쉽게 볼 수 있는 동물 중 하나인데, 손을 뻗으면 눈 깜짝할 새에 사라져 버리고는 해요. 여러분도 순식간에 사라진 도마뱀을 아쉬워했던 일이 있겠지요? 하지만 시간을 잘 이용하면 도마뱀을 간단히 잡을 수 있답니다. 도마뱀은 아침에 해를 쬐면서 체온을 높여야 빠르게 움직일 수 있어요. 그래서 아직 몸의 온도가 낮은 아침 시간을 노리면 좋아요. 봄이나 가을은 아침 9시 정도, 여름은 7시 정도가 적당하지요. 막 해를 쬐러 나온 순간에 잡으면 돼요. 우선은 몇 시쯤 어느 장소에 모습을 드러내는지 관찰해 보세요. 도마뱀과 도마뱀붙이는 위험을 느끼면 자기 꼬리를 자르고 도망가는 습성이 있으니 꼬리는 잡지 말아야 한다는 사실을 기억하고요!

도마뱀붙이는 밤을 노려라!

도마뱀붙이는 대부분 벽 사이 틈에 살아요. 밤이 되면 현관이나 창문의 전등 빛에 몰려드는 곤충을 잡아먹으러 슬그머니 모습을 나타내지요. 도마뱀붙이를 잡고 싶다면 살금살금 다가가서 도마뱀과 똑같은 방법으로 확 붙잡으세요. 몸이 납작하기 때문에 옆이 아니라 위아래에서 머리를 누르듯이 잡으면 돼요. 목 주변을 세게 누르지 않는 것이 포인트랍니다.

도마뱀붙이

How to hold

DATA

길이 12cm 정도
자주 발견되는 장소
5~10월, 오래된 집이나 공원 화장실 같은 곳의 전등 주변에서 볼 수 있어요.

일본장지뱀

다섯줄도마뱀

DATA

길이 20cm 정도
자주 발견되는 장소
4~11월 무렵 아침 해가 잘 드는 콘크리트나 바위 위 같은 곳에서 찾을 수 있어요.

DATA

길이 20cm 정도
자주 발견되는 장소
4~11월 무렵 앞마당이나 가정집 주변이나 햇볕이 잘 드는 콘크리트 위에서 발견되지요.

장지뱀 & 도마뱀, 꼬리를 절대 잡지 마세요!

햇볕을 막 쬐러 나온 도마뱀에게는 몸의 온도를 높이는 것이 가장 먼저 해야 할 숙제지요. 그래서 아슬아슬한 순간까지도 도망가지 않아요. 그런 상황에서 '나는 너를 잡을 생각이 없단다' 하는 능청스러운 표정으로 아무렇지 않게 다가가는 거예요. 한번 도망갔더라도 금방 되돌아오기 때문에 그 자리에서 다시 나타나기를 기다리세요. 눈치를 보며 등장한 도마뱀을 발견하는 즉시 위에서부터 덮쳐요. 머리가 엄지손가락과 집게손가락 사이로 나오도록 하고, 도마뱀의 몸 전체를 덮어 버리듯이 잡는 기예요. 이 단계까지 성공했다면 손가락으로 머리만 쥐고 들어 올리면 끝이에요.

| 우리 주변의 동물 |

독이 있어요! 조심하세요!

야외에서 뱀을 만나면 어느 때보다 조심할 필요가 있어요. 살모사와 유혈목이처럼 독을 가진 뱀도 있기 때문이에요. 뱀을 봤을 때 정체를 알 수 없는 경우에는 일단 가까이 다가가지 않는 것이 현명해요.

하지만 어떤 뱀인지 확실히 아는 상황이라면 어떨까요? 그래요. 한번 잡아서 관찰해 보고 싶은 것이 사람의 마음이지요. 어쩌면 뱀을 직접 만지고 잡아 보는 경험을 통해 뱀의 매력에 빠지게 될지도 몰라요.

How to hold

구렁이

점잖은 구렁이만 있는 건 아니에요

구렁이는 2m까지 자라는 종류도 있는데, 성격이 온순하다고 알려져 있지요. 하지만 모든 구렁이가 얌전하지는 않아요. 나도 지금까지 몇 번이나 물려 봤거든요. 탁 트인 야외에서 구렁이에게 공격당하면 여러 가지 위험한 상황이 벌어질 수 있어요. 만약 구렁이 잡기에 도전한다면, 반드시 구렁이가 덤벼 올 것이라고 생각하고 경계하며 다가가야 해요. 먼저 위쪽에서 머리를 노려서 한 번에 목 주변을 움켜쥐고 그다음에는 꼬리 주변을 팔로 꽉 조여서 움직이는 것을 막아요.

DATA

길이 180cm 정도
자주 발견되는 장소
4~10월, 가정집 주변 등의 장소에서 아침에 볕을 쪼이고 있는 경우가 많아요.

유혈목이는 독사

유혈목이는 논이나 사람이 사는 동네에서 가장 자주 만나게 되는 뱀인데요, 사실은 독사랍니다. 성격이 온순한 편이라 나도 지금까지 물려 본 적은 없지만, 강한 독을 가졌기 때문에 절대로 건드리지 말아야 하는 뱀이에요. 만약 잡게 될 때는 모든 상황을 대비하며 목을 눌러 잡아요.

DATA

길이 120cm 정도
자주 발견되는 장소 논과 같이 뱀의 먹이인 개구리가 많은 곳에서 자주 발견돼요.

How to hold / 유혈목이

approach 순서 — 새끼 뱀 다루기

1. 잡기 쉬운 자세로 기어가고 있나요?
2. 위에서 한 번에 목을 잡아요.
3. 턱 양쪽을 쥐고 들어 올려요.
4. 손안에 몸통을 모두 쏙 하고 넣어요.

Column
야외에서 만난 동물을 잡기 전에

야외 활동 중에 동물과 마주쳤을 때 가장 중요한 것은, 어떤 동물인지, 가까이 다가가도 괜찮은 동물인지 판단하는 일이에요. 하지만 동물에 대해 거의 모든 것을 알고 있는 전문가가 아니라면 그 많은 동물의 정보를 알고 있기란 쉬운 일이 아니지요. 평생 버섯을 채집해 온 고수가 버섯 독에 중독되는 경우가 있는 것처럼, 전문가조차 틀림없다고 생각했지만 빗나가는 때도 있어요. 그러니 자신이 모르는 동물이나 의심스러운 동물이라면 잡지 않기로 과감하게 결정을 내리는 것도 용기 있는 행동이에요.

동물 사진작가로 일하다 보면 다양한 동물과 만나게 되는데, 꼭 필요한 상황이 아니면 굳이 동물을 만지지 않아요. 당연히 잘 모르는 동물 근처에는 절대로 다가가지 않지요! 그것은 나 자신을 지키는 일이기도 하고, 모두를 위한 일이기도 해요.

여러분에게 내가 실제로 겪었던 '친구가 독사에 물린 사건'을 들려줄게요!

친구와 함께 동물을 관찰하러 어느 섬에 갔을 때의 일이에요. 섬에 도착한 뒤 몇 시간 동안 드라이브를 하며 즐겁게 촬영하다가 어느 공원에 도착했어요. 공원에서는 각자 돌아다니면서 동물을 찾기로 하고 흩어졌지요. 그리고 머지않아 멀리서 내 이름을 부르는 소리가 들려왔어요. 나는 촬영에 집중하고 싶어서 미안하지만 친구가 부르는 소리를 무시했어요.

잠시 후 차에 돌아와 보니 친구가 "지금 뱀을 발견했는데, 네가 기뻐할 것 같아서 잡아 왔어. 그런데 잡다가 살짝 물렸어."라고 말하는 게 아니겠어요? "어디 보자, 얼마나 귀여운 녀석일까!" 하며 자세히 보니 친구의 오른쪽 손에는 커다란 살모사가 들려 있었어요!!!

살모사라는 것을 확인하자마자 "그거 살모사니까 당장 멀리 던져 버려!"라고 소리쳤고, 동시에 카메라 가방에서 독을 빨아내는 포이즌 리무버Poison Remover를 꺼냈어요. 상처 부위에서 피를 빨아내기 시작했는데, 독이 빨려 나오는 느낌이 전혀 들지 않았어요. 당연한 일이었어요. 뱀한테 물린 지 10분도 훨씬 더 지났을 때니까요. 이러다 정말 큰일이 날 것 같아 지도에 표시된 병원 중 가장 가까운 병원으로 서둘러 출발했어요……

친구는 울기 일보 직전이었어요. "괜찮으니까 걱정하지 마! 이제 금방 병원이야!"라고 용기를 북돋워 주면서 날아갈 듯이 차를 몰아 20분 만에 병원에 도착했어요. 그런데 물리고 나서 병원에 도착하기까지 1시간 정도 시간이 지나자, 친구의 어깨까지 팅팅 부어올라 있지 뭐예요!

의사에게 혼나면서 처치실로 이동해 혈청과 주사를 맞기 시작한 친구는 팔에 붕대가 둘둘 감겨 미라 같은 모습이 되었지요. 다음 날부터 한동안 모든 일정을 취소하고 병원에서 치료에 집중하는 나날을 보냈어요. 치료를 받는 며칠 동안 친구는 계속 고열에 시달려야 했어요. 정말 악몽 같은 시간이었답니다.

이렇게 언제, 어디서나 큰일을 당할 수 있기 때문에 나는 방어 능력을 높이기 위해 몇 가지 도구를 챙겨 다녀요. 지금부터 그 도구들을 소개할게요!

다음 페이지로

Column 마음이 든든해지는 전문가의 아이템!

카메라

사진은 기록이라는 점에서 매우 의미가 있어요. 주머니에 쏙 들어갈 만한 크기의 고성능 디지털 카메라를 한 대 갖고 있으면 좋아요. 발견한 동물을 촬영할 준비를 해 두었다면, 무엇인가에 물렸을 때에도 도움이 돼요. 어떤 동물에 물렸는지 일일이 설명할 필요 없이, 사진만 보여 주면 되니까요.

장갑

뱀이든 송충이든 맨손으로 잡기 위험한 동물을 만질 때 필요해요. 나는 '케브라 섬유'로 짠 장갑이나 튼튼한 가죽 장갑을 사용해요.

툴나이프

나이프를 갖고 다니는 사람은 많은데, 야외에서 가장 편리한 것은 펜치와 가위예요. 펜치 모양의 튼튼한 나이프(오른쪽)와 가위 모양의 작은 나이프(왼쪽)만 있으면 충분해요.

플라스틱 상자
잡은 동물을 옮겨서 보관하기 위해 가지고 다녀요. 뱀한테 물렸을 때 어떤 뱀에게 물렸는지 종류를 판단할 수 없는 상황이라면, 플라스틱 상자에 넣어서 병원까지 가져가야 해요.

손전등
한밤중이나 어두운 곳을 비출 때, 동물에게 공격을 당했을 때도 손전등은 무조건 필요해요. 마음대로 색깔을 바꿀 수 있는 컬러 손전등이 가장 사용하기 편해요.

포이즌 리무버(유독물 제거기)
독을 뽑아내기 위한 도구예요. 상처 부위에 맞춰 빨판을 대고 독을 제거해요.

핀셋과 돋보기
식물의 가시는 물론 곤충에게 찔렸을 때, 벌침과 같은 가시가 남아 있는 경우가 있어요. 그럴 때 따끔한 느낌이 들 거예요. 이 도구들로 해결해요.

반창고
상처가 났을 때 꼭 필요한 물건이지요.

2 애완동물 전문점을 운영하는 전문가는 이렇게 해요!

애완동물 전문점에서는 온갖 동물을 다뤄요.
항상 깨끗한 환경을 유지하기 위해서 사육 상자의 관리도 게을리 하지 않지요.
또 많은 일을 모두 해 내기 위해서는 빠르고 정확하게 동물을 관리해야 하는데,
그만큼 작업 효율이 좋은 방법으로 다루는 것이 중요해요. 하지만 동물과 사람
모두의 안전을 생각해서 일해야 하는 것도 잊으면 안 돼요.
애완동물 전문점의 모든 동물들은 새로운 주인을 기다리고 있어요. 곧 나타날
새로운 주인에게 애완동물을 건강하게 잘 키우는 방법, 위급 상황 때 대처하는
방법을 정확하게 알려 주는 것도 우리의 일이지요.
이제부터 다양한 경험을 통해 알게 된 '합리적으로 동물을
다루는 방법'을 소개할게요!

Profile
고토 다카히로

애완동물 전문점을 운영하고 매일
마을을 순찰하는 활동을 하고 있어요.
벌레와 희귀 애완동물,
야생 동물까지 모두 맡겨 주세요!

전갈

위험한 삼각 지대는 특별히 주의할 것!

> 곤충 & 벌레 & 희귀 애완동물

애완용 전갈에는 몇 종류를 제외하고는 사람의 생명에 위협이 될 만한 맹독이 없다고 생각해도 좋아요. 하지만 전 세계로 눈을 돌리면 강한 독을 가진 전갈도 있는 것이 사실이지요! 애완용 전갈을 구입할 때는 어떤 종류인지, 원산지는 어디인지, 독은 얼마나 강한지 등을 확실하게 조사해야 해요. 위험성이 있는 동물을 키우는 주인의 의무라고 할 수 있지요.

만약 외국에서 여행을 하다가 우연히 전갈을 만나도, 그 순간에는 어떤 전갈인지 알 수 없으니 일단 가까이 다가가지 않는 것이 좋아요. 그런데 친구의 침대에 전갈이 다가가는 장면을 보았다면 가만히 있을 수만은 없겠죠? 어떻게 해야 할까요?

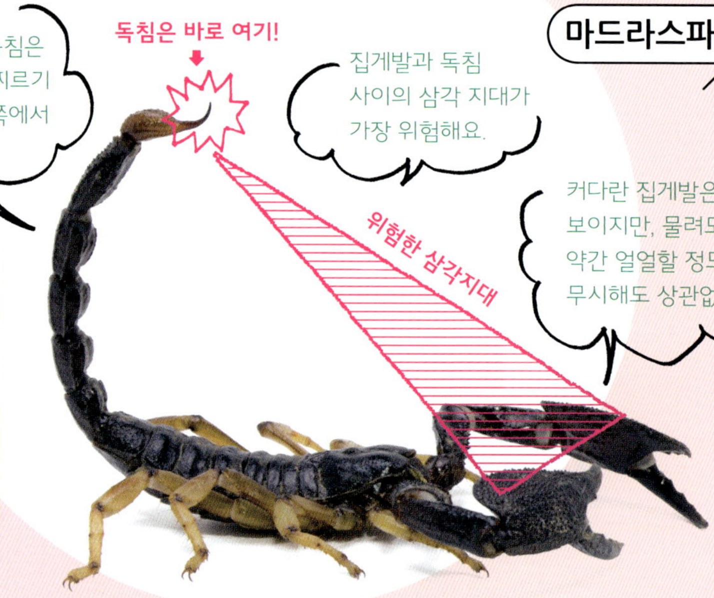

낚싯바늘 모양의 독침은 앞에 있는 상대를 찌르기 좋은 구조예요. 뒤쪽에서 다가가면 돼요!

독침은 바로 여기!

집게발과 독침 사이의 삼각 지대가 가장 위험해요.

위험한 삼각지대

커다란 집게발은 위험해 보이지만, 물려도 약간 얼얼할 정도라서 무시해도 상관없어요.

마드라스파텐시스전갈

DATA
자주 발견되는 장소
남아시아, 인도
생태 노란색 다리가 특징인 밀림에 사는 전갈. 세계에서 가장 큰 전갈로도 알려져 있어요.

Approach 순서 - 전갈 잡는 방법

1 뒤쪽에서 살그머니 다가가요.

2 과감하게 잡아요.

3 들어 올려요.

독침을 잡아라!

전갈의 커다란 집게발은 사람에게 위험한 공격 무기는 아니에요. 물려도 조금 아픈 정도지요. 만질 때 조심해야 하는 것은 독침이에요. 하지만 독침을 꽉 잡으면, 위험한 상황은 벌어지지 않아요. 위협하려고 집게발을 휘두르며 다가오는 것에 겁먹지 말고 잽싸게 독침을 잡아 버려요. 잡혔는데도 계속 요란하게 반항하면 전갈의 눈앞을 손으로 가려서 주의를 다른 곳으로 돌려요. 그러면 효과가 있어요.

황제전갈

DATA

자주 발견되는 장소
서아프리카 우림이나 초원에 살아요.
생태 애완동물로 가장 사랑받는 전갈이지요. 커다란 집게발의 주인으로, 힘은 세지만 독성은 강하지 않아요.

흔들기

몸을 뒤집어 공격하려고 하면, 위아래로 흔들어 주세요.

타란툴라

가만히 손바닥만 내어주기!

곤충 & 벌레 & 희귀 애완동물

How to hold

칠리안로즈헤어

손바닥 위에서 자유롭게 놀다가 손목 위로 기어 올라오려고 할 때 반대편 손끝을 내밀면 옮겨 간답니다.

타란툴라가 손바닥 위라고 생각하지 못하게 가만히 있어야 해요.

겁주지 않는 기술

화가 머리끝까지 나 버린 타란툴라는 독니를 드러내 공격하고 위험한 털을 날리기 때문에 손댈 방법이 없어요. 전문가들은 그럴 때 타란툴라를 자극하지 않고 가만히 손을 내밀어 스스로 손바닥 위에 올라오도록 해요. 그러고는 기분이 가라앉을 때까지 기다리지요. 성질이 아주 고약한 타란툴라가 잔뜩 뿔이 나 있을 때는 무리하지 말고, 플라스틱 상자에 가둬 두세요. 타란툴라를 대할 때는 상황에 따라 행동하는 것이 중요해요!

짜증 짜증 짜증

타란툴라가 이런 자세를 취하고 있으면, 잡지 말고 내버려 두세요.

타 란툴라도 전갈에 버금가는 위험한 동물이지만, 사람 목숨을 빼앗을 만한 맹독을 갖고 있지는 않아요. 전갈보다 위험한 점은 나무 위에 숨어 있을 수 있다는 점과 괴상한 움직임으로 허점을 찌른다는 점이에요. 그리고 독이 묻어 있는 털을 날려 보내는 종류도 있다는 것이지요. 직접 만지지 않고 이 털에 닿기만 해도 알레르기 증상이 일어나는 경우가 있거든요.

혹시 '타란툴라가 언제나 공격해 오는 것은 아니겠지'라는 태평한 생각을 하고 있나요? 만약 사랑하는 가족의 등 위를 타란툴라가 엉금엉금 기어가고 있다면 어떻게 할까요? 가만히 있을 수만은 없겠지요! 그럴 때를 대비해서 타란툴라 잡는 방법을 배워 두면 좋지 않을까요?

DATA

자주 발견되는 장소
볼리비아, 칠레의 사막 지대
생태 매우 얌전한 성격이에요. 평상시에는 느릿느릿 움직이지만, 먹이를 잡을 때는 번개같이 빠르답니다.

어떤 타란툴라는 이 부분의 털을 날려 보내요.

← 독니도 조심!

Approach 순서

1 방향을 몰아가면서 손바닥 위로 유인해요.

2 손바닥 위에 태워요.

3 타란툴라가 올라타는 손은 움직이지 마세요.

4 다 올라가면 움직여도 괜찮아요.

대형 장수풍뎅이

움직이지 않는 뿔을 잡아라!

곤충 & 벌레 & 희귀 애완동물

헤라클레스왕장수풍뎅이

How to hold

코카서스왕장수풍뎅이

How to hold

이곳에 손가락이 끼이지 않도록 조심!

대형 장수풍뎅이류가 애완동물로 사랑받게 된 지도 꽤 오래되었어요. 그런데 얼마 전, 한 아이가 장수풍뎅이가 든 플라스틱 상자에 손을 넣었다가 가슴과 머리에 난 뿔에 손가락이 끼어서 피가 나는 사건이 있었어요. 이때 아이가 장수풍뎅이를 다루는 방법을 미리 알고 있었다면 어땠을까요? 마음대로 손을 넣었다가 다치고 야단맞는 일은 없었겠지요!

DATA

크기 60~180mm

자주 발견되는 장소
중남미 지역에 사는 장수풍뎅이에요.

생태 헤라클레스는 12아종으로 분류되는데, 그중에서도 대형으로 분포 지역이 가장 넓어요. 세계에서 가장 큰 장수풍뎅이이지요.

움직이지 않는 뿔을 확인하라!

움직이지 않는 뿔을 잡는 것이 가장 일반적인 방법이에요. 처음에는 몸의 구조를 자세히 관찰하면서 어느 뿔이 움직이지 않는지 파악해 보세요. 움직이지 않는 뿔을 찾았다면 다음 순서는 살금살금 다가가기예요. 보통 때처럼 뒤쪽에서 다가가면 실패할 수도 있답니다. 장수풍뎅이가 위협 자세를 취할 때는 앞쪽에서 다가가 임기응변을 발휘해야 하거든요. 왕장수풍뎅이들은 하나같이 기운 센 천하장사이기 때문에 다룰 때도 조금 특별한 기술이 필요해요.

애벌레의 숨구멍인 '기문'을 막아 버렸네요! 잘못된 방법이에요.

많은 사람들이 이런 방법으로 애벌레를 잡는데, 사실 이 방법으로 오랫동안 잡고 있으면 애벌레가 힘들어해요!

애벌레의 몸이 딱딱해졌을 때…….

애벌레를 잡을 때 신경 써야 하는 것은 몸 옆에 있는 '기문'을 막으면 안 된다는 거예요. 숨구멍인 기문을 막아 버리면 애벌레가 숨을 쉴 수 없을 테니까요. 가장 좋은 방법은 애벌레의 몸을 둥글게 말아 아래위로 잡는 거예요. 이 방법은 상대방을 경계한 애벌레의 몸이 딱딱하게 굳었을 때만 가능하기 때문에 틈을 노려서 재빨리 잡아야 해요. 이 방법의 또 다른 장점은 날카로운 이빨에도 물리지 않는다는 것이지요.

How to hold

DATA

크기 60~120mm
자주 발견되는 장소 중남미에 살아요.
생태 세계에서 가장 무거운 장수풍뎅이에요. 애벌레가 다 자라기까지 길게는 5년 이상 걸린답니다.

악테온코끼리장수풍뎅이

애벌레

 수풍뎅이의 애벌레는 대충 집어서 손바닥 위에 굴리면 끝이라고 생각하는 친구들이 많아요. 잡는 방법을 모르니 난폭하게 다뤄지는 일도 많지요. 하지만 애벌레를 잡는 데에도 안전하고 올바른 방법이 있답니다.

지금부터 애벌레를 다루는 방법을 잘 배운 다음에, 애완동물 전문점에 가 실력을 뽐내 보면 어떨까요?

대형 사슴벌레

큰턱의 모양을 자세히 관찰한 후에 도전!

곤충 & 벌레 & 희귀 애완동물

사슴벌레를 장수풍뎅이랑 똑같다고 생각했다면 아주 큰 오해랍니다. 사슴벌레의 큰턱은 장수풍뎅이와 달리 양쪽으로 움직이기 때문이에요. 그 큰턱에 물리면 많이 아프다는 것은 말할 필요도 없는 사실이지요. 사슴벌레의 큰턱은 종류에 따라 크기도 모양도 다르기 때문에 어디를 잡아야 할지 헷갈릴 때가 많아요. 또 같은 사슴벌레라도 큰턱의 크기나 모양이 다르고, 다양하게 변신을 하기 때문에 결단을 내리기 어렵지요.

자, 그런데 온 가족이 즐겁게 외국으로 여행을 떠났는데 호텔 창가에서 본 적도 없는 사슴벌레가 기어가고 있다면 어떻게 해야 할까요? 무서워하지 않고 능숙하게 잡는 방법을 알아 두기로 해요.

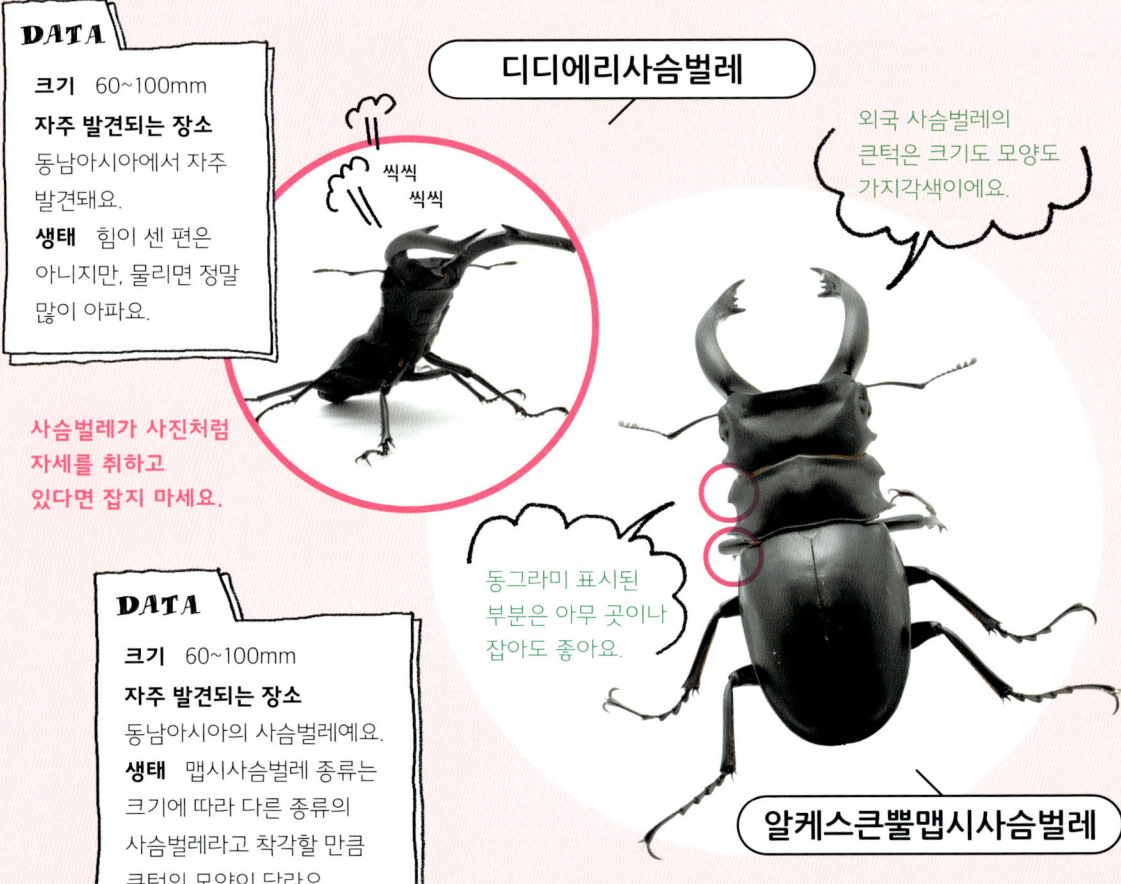

DATA
크기 60~100mm
자주 발견되는 장소
동남아시아에서 자주 발견돼요.
생태 힘이 센 편은 아니지만, 물리면 정말 많이 아파요.

디디에리사슴벌레

씩씩 씩씩

외국 사슴벌레의 큰턱은 크기도 모양도 가지각색이에요.

사슴벌레가 사진처럼 자세를 취하고 있다면 잡지 마세요.

동그라미 표시된 부분은 아무 곳이나 잡아도 좋아요.

DATA
크기 60~100mm
자주 발견되는 장소
동남아시아의 사슴벌레예요.
생태 맵시사슴벌레 종류는 크기에 따라 다른 종류의 사슴벌레라고 착각할 만큼 큰턱의 모양이 달라요.

알케스큰뿔맵시사슴벌레

번뜩이는 통찰력

사슴벌레는 앞가슴과 뒷가슴을 손가락으로 잡는 게 좋아요. 하지만 플라스틱 상자를 청소하기 위해 좁은 입구로 꺼내야 할 때, 사슴벌레가 위협 자세를 취하고 있다면 이런 방법은 곤란하겠지요. 그럴 때는 사슴벌레의 공격 무기인 큰턱을 과감하게 잡아 버리세요. 사슴벌레의 큰턱은 종류마다 제각각이기 때문에 어떻게 잡을 지는 큰턱의 모양과 사슴벌레의 자세에 따라 달라져야겠지요? 번뜩이는 통찰력을 발휘해야 하는 순간이에요!

왕넓적사슴벌레

How to hold

DATA

크기 50~110mm
자주 발견되는 장소 필리핀에서 발견되는 경우가 많아요.
생태 세계 최대, 최강의 사슴벌레로 힘도 엄청 세요.

다양한 방법

큰턱이 긴 종류는 이런 방법도 가능해요.

기라파톱사슴벌레

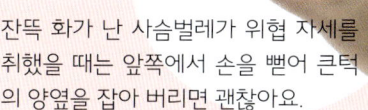

DATA

크기 50~120mm
자주 발견되는 장소 동남아시아에서 인도까지 넓은 지역에서 발견되지요.
생태 '기라파(Giraffa)'라는 이름은 '기린'을 의미해요. 이들은 큰턱이 몸에 비해서 길고, 몸이 전체적으로 평평해요.

잔뜩 화가 난 사슴벌레가 위협 자세를 취했을 때는 앞쪽에서 손을 뻗어 큰턱의 양옆을 잡아 버리면 괜찮아요.

만약 큰턱의 양옆을 잡을 수도 없이 화가 난 상황에는 이런 방법으로도 잡아요!

곤충 & 벌레 & 희귀 애완동물

노래기와 바퀴 잡아 볼래요?

노래기와 바퀴는 사람들에게 제일 미움받는 동물이라고 해도 지나치지 않지요. 만지고 싶은 친구도 별로 없겠지요? 하지만 해충인 바퀴와 노래기가 집 안에서 발견되었다면, 여러분은 가족이 안전하게 지낼 수 있는 환경을 만들기 위해 어떻게 싸울 셈인가요? 노래기를 휴지로 뭉개 버릴 건가요? 바퀴를 신문지를 둘둘 말아서 때릴 건가요? 아니면 살충제를 뿌릴 거예요?

짜부라뜨리면 냄새가 나서 싫고, 신문지에 깔린 바퀴 시체를 치우는 것도 싫고, 살충제를 뿌리면 가구에 잔뜩 묻을 테니 그 방법도 싫다고요? 그럼 어쩌지요? 고민이 될 때는 이렇게 해 봐요!

오키나와왕노래기

How to hold

손은 움직이지 말아요.

DATA

크기 60~100mm

자주 발견되는 장소
오키나와 야에야마의 크고 작은 섬에 살아요.

생태 밤중에 숲속에서, 상당히 높은 나무줄기에 달라붙어 있는 것을 볼 수 있어요.

냄새 풍기지 마!

노래기는 물거나 공격하지 않는 느림보지만, 고약한 냄새를 풍겨요. 노래기를 만나면 고약한 냄새를 내뿜지 않도록 하는 데에 집중해야겠지요? 가만히 손안으로 몰아넣어 손바닥 위에 태우고 데굴데굴 구르도록 가볍게 손을 움직여 주세요. 그러면 동그랗게 몸을 마는데, 이 상태가 되면 일단 안심해도 좋아요.

마다가스카르히싱바퀴

How to hold

DATA

크기 　50~70mm

자주 발견되는 장소
마다가스카르에서 발견되는 종류예요.

생태 애완용 바퀴로 가장 많이 키우는 종류예요. 다 자라도 날개가 없고, 알에서 태어나요. 위협할 때 휘파람 소리를 내요.

바퀴라고 생각하지 말아요

바퀴는 어찌나 재빠른지 금세 어두운 구석으로 숨어서 놓칠 가능성이 많지요. 바퀴를 놓치면 온 가족이 불안해서 잠도 오지 않을 거예요. 어디에서 나타날지 하루 종일 불안에 떨지 말고 과감하게 손으로 잡아서 해결하는 건 어떨까요?
바퀴는 몸도 날개도 부드럽기 때문에 몸통의 옆쪽이 아닌 위아래를 살짝 조이듯이 잡아요. 이때 머릿속으로 바퀴가 아닌 귀뚜라미 비슷한 동물을 잡고 있다고 스스로 최면을 걸면서 만지는 것이 중요해요.

움직임이 빠른 바퀴는 세 손가락을 사용해서 잡아요.

야에야마점박이바퀴

친칠라

반항해도 소용없다고 세뇌를 시키자?!

> 곤충 & 벌레 & 희귀 애완동물

친칠라는 안데스 산맥에 사는 설치류* 동물이에요. 사랑스러운 외모 덕분에 애완동물로 인기가 높아요. 그중에는 다양한 털 색깔이 매력적인 종류도 있는데, 요즘에는 애완동물 전문점에서도 자주 볼 수 있게 되었어요.

그런데 만약에 친칠라가 애완동물 전문점에서 도망을 쳐서 모두 곤란한 상황이 되었다면 어떨까요? 여러분이 친칠라를 전문가처럼 능숙하게 잡으면 TV 속 영웅보다 멋져 보이지 않을까요? 혹시 그런 일이 생길지 모르니 친칠라 다루는 방법을 알아 두도록 해요.

* 설치류: '쥐류'라고도 해요. 앞니가 위아래로 한 쌍만 자라고 물건이나 먹이를 갉는 것이 특징이에요.

큰 귀가 만화 속 주인공과 닮았지요?

두 발로 서는 것이 특기예요.

DATA
크기 300mm
자주 발견되는 장소 칠레에 살아요.
생태 고급 모피의 재료로 쓰이거나, 실험동물로도 이용된다고 해요.

절묘한 힘 조절을 발휘해라!

친칠라는 대부분 얌전하지만, 아직 사람이 낯선 녀석은 난폭하게 굴 수도 있어요. 제대로 잡는 방법은 목 뒤쪽을 단단히 잡아서, 몸부림을 쳐도 소용없다고 포기하도록 하는 것이에요. 반대쪽 손으로는 뒷다리를 잘 잡아요. 이때 필요한 것은 절묘한 힘 조절이랍니다. 너무 약하게 잡으면 발버둥 칠 때 떨어뜨릴 수도 있고, 너무 세게 잡으면 친칠라가 아파해요.

다람쥐

다람쥐가 힘들어 보이지만, 사실은 아프지 않아요

곤충 & 벌레 & 희귀 애완동물

이 부분의 늘어나는 피부를 손가락으로 쥐면 돼요.

How to hold

DATA
크기 180~200mm
자주 발견되는 장소 아시아 지역에서 볼 수 있어요.
생태 귀여운 외모와 달리 난폭한 성격이랍니다.

애 완동물로 키우기 좋은 다람쥐는 붙임성이 아주 좋아요. 훈련하기에 따라 손바닥 위에 올라타는 재롱둥이가 되기도 한답니다. 하지만 처음부터 사람을 잘 따르는 것은 아니에요. 이빨도 날카롭고 나무 둥지를 부술 정도로 힘도 세기 때문에 물리면 반드시 피를 보게 되지요. 큰 상처를 입는 경우도 있으니, 다람쥐를 직접 만져 보기 전에 어떻게 잡을지 완벽하게 준비를 해야 해요. 다람쥐와 천천히 믿음을 쌓아 가야 친해질 수 있어요!

> 등의 줄무늬가 특징이지요!

> 설치류는 매우 강한 이빨을 갖고 있어요! 절대로 물리면 안 돼요!

사랑스러운 얼굴에 속지 마세요!

아직 사람에게 익숙해지지 않은 다람쥐는 갑자기 잡으려고 하면 물어 버려요. 이렇게 귀엽고 사랑스러운 얼굴을 하고 있어도 말이에요. 그러니 다람쥐를 잡을 때는 뒤로 가서, 엄지와 검지로 목 뒤쪽의 피부를 잡아요. 목덜미를 잡으면 불쌍해 보인다고 하는 사람도 있겠지요. 하지만 이 부분의 피부는 사람의 팔꿈치처럼 늘어나는 피부라서 잡아도 아프지 않으니 안심하세요!

> 다람쥐는 스스로 반항하기를 포기하면 더 이상 거칠게 굴지 않아요.

유대하늘다람쥐

사랑스러운 외모와 무시무시한 비명의 주인공!

곤충 & 벌레 & 희귀 애완동물

유 대하늘다람쥐는 큰 귀와 동글동글한 눈동자로 어린이들의 마음을 사로잡은 애완동물이에요. 요즘 인기가 가파르게 오르고 있지요. 하지만 유대하늘다람쥐는 생각만큼 얌전하지 않아요. 유연한 몸으로 바쁘게 돌아다니는 활발한 성격이지요. 또 움직임도 재빨라서 순식간에 '콱' 하고 물어서 공격할 수도 있어요. 손 위에 가만히 있지 않는다고 억지로 잡아서 옴짝달싹 못 하게 하면 이 작은 몸에서 상상도 못할 무시무시한 비명이 터져 나온답니다. 그래도 꼭 애완동물로 키워 보고 싶은 친구가 있을 테니, 제대로 잡는 방법을 알아보아요.

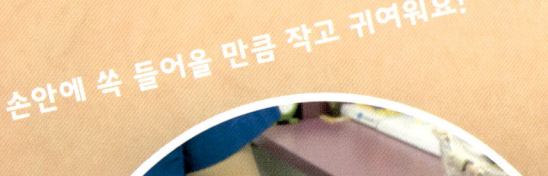

손안에 쏙 들어올 만큼 작고 귀여워요!

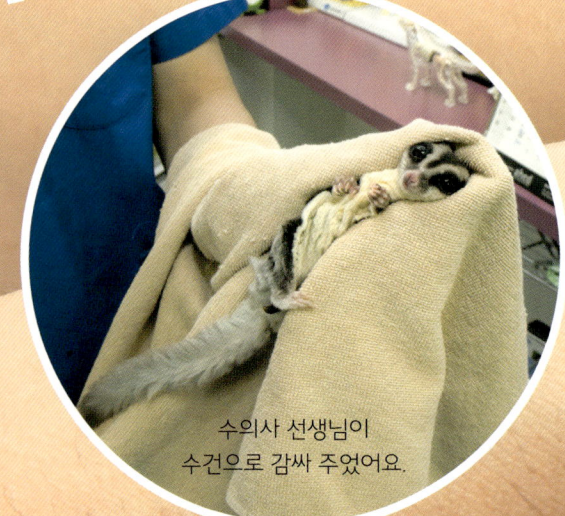

수의사 선생님이 수건으로 감싸 주었어요.

수의사 선생님은 이렇게 잡았네요!

잡고 싶지만 잡을 수 없어요

사람에게 익숙하지 않은 유대하늘다람쥐라면 목과 몸 주변을 확실하게 잡는 것이 중요해요. 하지만 너무 꽉 잡으면 굉장한 비명을 지르며 저항하지요. 유대하늘다람쥐가 울기 시작하면 모두가 괴로워질 테니, 손으로 꽉 잡아 보고 싶다는 마음을 누르고 양손으로 살포시 감싸 주세요. 손안에서는 안심이 되는지 침착한 모습을 보여 준답니다. 무리하지 않는 범위에서 이런 과정을 반복하면 나중에는 어려움 없이 잡을 수 있게 될 거예요.

DATA

크기 150~200mm
자주 발견되는 장소
인도네시아와 호주에 많이 살아요.
생태 새끼는 태어나고 약 70일간 엄마의 배주머니에서 지내요. '비막'이라는 날 수 있는 막을 갖고 있어서 날갯짓을 하지 않고도 50미터 정도 날 수 있어요.

How to hold

햄스터

공격적일까? 평화적일까?

> 곤충 & 벌레 & 희귀 애완동물

인기 만화 영화를 계기로 유행의 주인공이 된 햄스터예요. 그전까지 조금 특이한 애완동물이었던 것 같은데 지금은 "어린 시절 한 번 키워 본 적 있어.", "한 집에 한 마리씩 있지 않아?"라는 이야기를 할 정도로 국민적인 애완동물로 자리 잡았어요. 또 동물원 체험 공간의 단골손님이기도 하지요. 동물원에서 햄스터를 만나면 이 방법을 이용해서 예뻐해 주세요.

How to hold

> 골든햄스터

목 주변을 잡아서 움직이지 못하게 고정해요.

DATA

크기 80~120mm

자주 발견되는 장소 지중해 연안 지방의 햄스터예요.

생태 애완동물로 가장 많이 키우는 골든햄스터는 1930년에 시리아에서 발견된 암컷 한 마리와 그 새끼들이 번식해서 전 세계로 퍼졌어요. '시리안햄스터'라고도 불러요.

정글리안햄스터

How to hold

몸이 아주 작아요

정글리안햄스터는 몸집이 작고 성격도 온순한 녀석이 많아요. 때로는 한 손으로 가볍게 잡기만 해도 고분고분하게 자리를 지키고 있답니다. 안전을 생각하면 양손으로 감싸 쥐는 방법이 좋을 수도 있어요.

DATA

크기 60~80mm
자주 발견되는 장소
시베리아에서 중국 북부 지역에 걸쳐 발견된답니다.
생태 골든햄스터보다 몸집이 작아서 난쟁이햄스터라고도 불리고, 겨울이 되면 털 색깔이 하얗게 변하는 종류가 있어서 윈터화이트햄스터라고 불리기도 해요.

물릴지도 몰라요

골든햄스터는 사람과 금방 친해지지만, 처음 만났을 때는 물려고 달려들 가능성도 있다는 걸 잊으면 안 돼요. 그러니 애완동물 전문점에 막 들어온 새내기 햄스터를 만질 때는 사진처럼 뒤쪽에서 목 양쪽을 조이듯이 잡아야 해요. 이런 접촉을 몇 번 반복하면, 공격적인 햄스터와 아닌 햄스터를 구별할 수 있게 돼요. 공격적인 햄스터는 계속 같은 방법으로 잡고, 공격적이지 않은 햄스터는 손으로 감싸 쥐면 돼요.

팬더마우스

혹시 만화 주인공? 잽싸게 꼬리를 낚아채요!

> 곤충 & 벌레 & 희귀 애완동물

DATA

크기 60~70mm

자주 발견되는 장소
전 세계에 널리 퍼져 있어요.

생태 생쥐를 애완동물로 기르기 위해 개량한 품종으로, 일본에서는 약 오백 년 전부터 키웠다고 해요. 일본의 팬더마우스는 언젠가부터 자취를 감췄지만, 일부가 유럽으로 건너가서 지금까지 살아남았어요. 덕분에 애완동물로 다시 만날 수 있게 되었어요.

How to hold

팬더마우스의 꼬리는 매우 튼튼해서 자기 몸무게 정도는 거뜬히 버틸 수 있어요

꺄악~

그래, 꼬리가 있잖아!

놀라지만 않으면 물지 않고 사람과 금방 친해질 뿐만 아니라, 머리도 좋아요. 두 손을 포개서 잡아도 되고, 한 손으로 꼬리만 잡아도 상관없어요. 팬더마우스의 집을 청소하기 위해 잠시 이동시켜야 할 때, 서둘러 옮기다가 꼬리를 잡게 될 때가 있어요. 꼬리만 잡으면 팬더마우스가 아프지 않느냐고 걱정하는 사람도 있지만, 오랫동안 매달려 있는 것이 아니라면 전혀 문제없어요. 오히려 도망갈 위험도 없어서 추천하는 방법이에요. 그래도 안쓰러워서 시도하지 못하겠다면, 꼬리를 잡은 채로 손바닥에 태우는 방법이 좋을 것 같아요.

팬 더마우스는 오백 년 전부터 애완동물로 키워 온 팬더 무늬의 귀여운 쥐예요. 그냥 생쥐보다 작고, 쪼르르 쪼르르 달리는 모습이 아주 사랑스러워요. 거기에다 키우기도 쉬워요! 훈련도 잘 받고 머리도 좋지요! 좋은 점만 있네요!

번식도 잘해서 숫자가 팍팍 늘어나기 때문에 친구 중 한 명이 팬더마우스를 기르면 어느새 주변 사람들도 모두 팬더마우스를 키우게 된다는 소문도 있지요.

How to hold

꼬리를 손가락 사이에 끼워서 움직이지 못하게 해요!

바로 이것이 노하우!

닭과 병아리

수탉은 정말 무서워요!

곤충 & 벌레 & 희귀 애완동물

DATA

크기 400~500mm
자주 발견되는 장소
전 세계에서 사육하고 있어요.
생태 동남아시아와 중국에서 가축화되어 그 후 유럽에 전해졌어요. 연간 300개 이상의 알을 낳아 기네스북에 오른 품종도 있답니다.

How to hold

승부는 단번에!

우선 기척을 감추고, 살금살금 가까이 다가가요. 거리가 좁아졌다 싶으면 닭이 다시 멀리 달아나기 전에 양손으로 날개를 꽉 쥐어요. 단번에 성공해야 하는 것이 방법이에요.

수 닭과 싸운 적이 있다면 잘 알고 있겠지만, 닭은 정말 무서운 동물이에요! 날아와서 앞발차기를 날리지 않나, 날카로운 발톱으로 바지를 찢어 놓기도 하지요. 또 이쪽에서 반격을 시도하면 아무렇지 않게 피했다가 다음 순간 뾰족한 주둥이로 약점을 정확하게 공격해 온다고요!

그런 난폭한 수탉의 공격에 대비해서 애완동물 전문점에 있는 얌전한 닭으로 연습한 후에 대책을 세워 보아요!

야구공=병아리?

병아리는 손가락 모양을 야구공을 던지듯이 만들어 목 양쪽부터 몸 전체를 살포시 감싸 쥐어요. 이렇게 하면 병아리가 버둥거리지 않아도 되기 때문에 평온한 표정으로 얌전히 있는 답니다.

How to hold

야구공을 잡는 느낌으로!

장수풍뎅이를 쫓아내는 방법

큰 몸으로 나무에 착 달라붙어 있어야 하는 장수풍뎅이는 발톱이 잘 발달했어요.
그래서 손으로 너무 세게 쥐면 발톱이 피부에 파고들어 떼기 힘든 상황이 벌어지지요.
무리해서 잡아당기면 피가 철철 흘러나올지도 몰라요.
그럴 때는 이렇게 다뤄 주면 돼요!

1. 엉덩이를 탁탁하고 쳐요.
2. 더 많이 탁탁탁 치세요.
3. 손바닥 위에서 쫓아 보내요.
4. 쫓아내는 데 성공했어요.

잔뜩 화가 난 사슴벌레를 상자에서 꺼내는 간단한 방법

사슴벌레를 작은 플라스틱 상자에서 키우고 있나요? 상자를 청소하거나 다른 이유로 꺼내려고 할 때, 화가 난 사슴벌레가 큰턱을 치켜들어 손도 넣지 못하고 애먹을 때가 자주 있지요. 그럴 때는 이렇게 해 봐요!

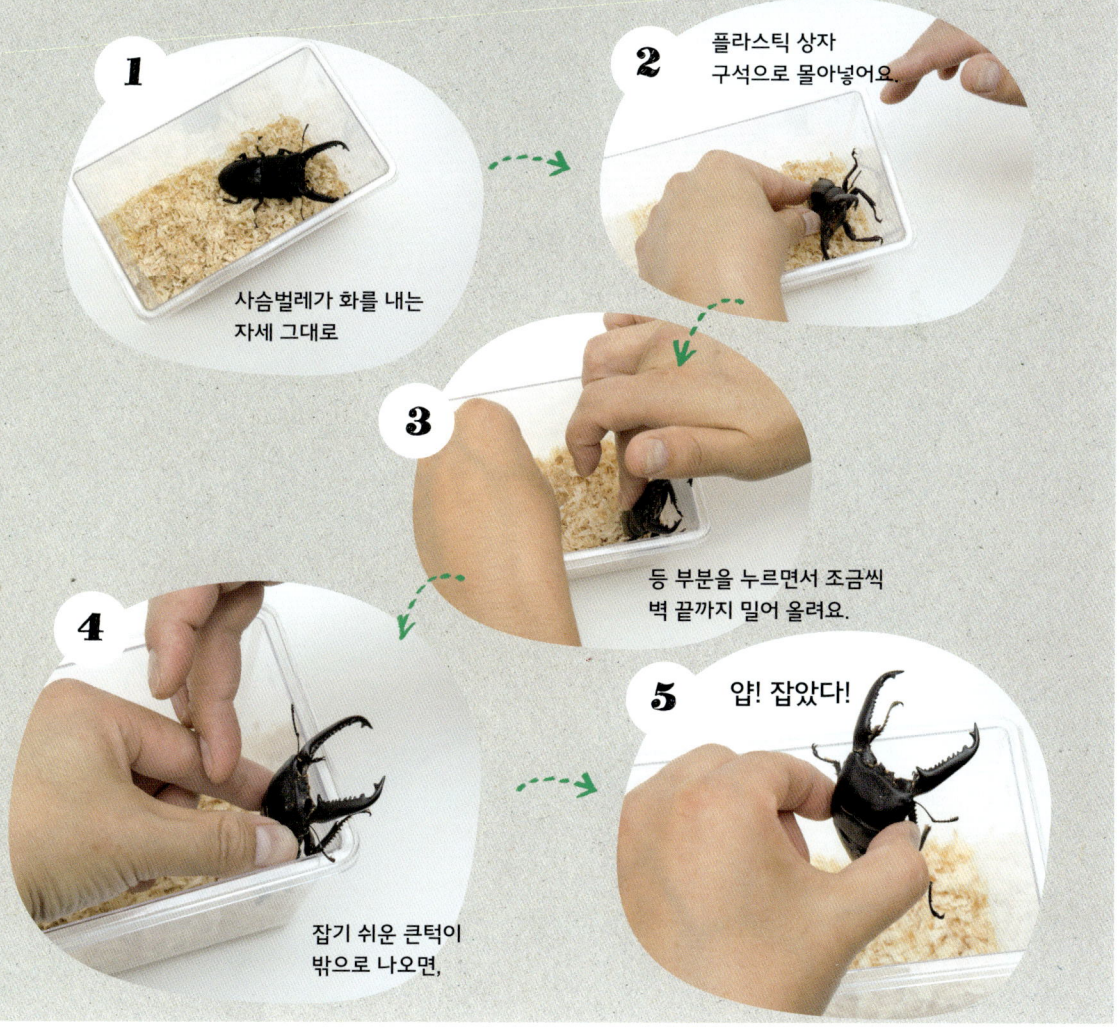

1. 사슴벌레가 화를 내는 자세 그대로
2. 플라스틱 상자 구석으로 몰아넣어요.
3. 등 부분을 누르면서 조금씩 벽 끝까지 밀어 올려요.
4. 잡기 쉬운 큰턱이 밖으로 나오면,
5. 얍! 잡았다!

3 다양한 동물을 치료하는 수의사 선생님은 이렇게 해요!

수의사는 어떤 동물이 찾아와도 치료할 수 있어야 해요. 간절한 마음으로 병원을 찾은 손님이 "우리 병원에서는 이 동물을 치료하지 않아요."라는 대답을 들으면 얼마나 슬프겠어요. 그러니 수의사가 동물을 못 만지겠다는 약한 소리를 해서는 안 되겠지요. 수의사는 할 수 있는 모든 방법을 동원해서 아파하는 동물에게 가장 적절한 치료를 해 주어야 한답니다.

나는 수의사가 되기 훨씬 전부터 동물을 사랑했어요. 어느 누구보다 동물을 잘 보살필 자신이 있지요. 또 정해진 순서와 방법도 꼼꼼하게 지키는 성격이라, 실수하지 않고 동물을 제대로 다루는 방법도 훤히 알고 있어요! 물론 수의사니까 당연히 해야 하는 일이라고 생각해요.

동물 병원은 동물을 정확히 진단하고 제대로 된 치료를 목적으로 하는 만큼 진정한 직업 정신이 필요한 곳이랍니다!

Profile
다무카이 겐이치

동물 병원 수의사예요. 강아지와 고양이 같은 반려동물부터 곤충, 절지동물, 양서파충류 같은 동물도 치료하고 있어요. 지금까지 진료한 동물은 200종류 정도 돼요. 동물 병원의 성공은 동물이 얌전히 잘 치료받을 수 있도록 얼마나 잘 잡는지에 80%가 달려 있다고 하지요.

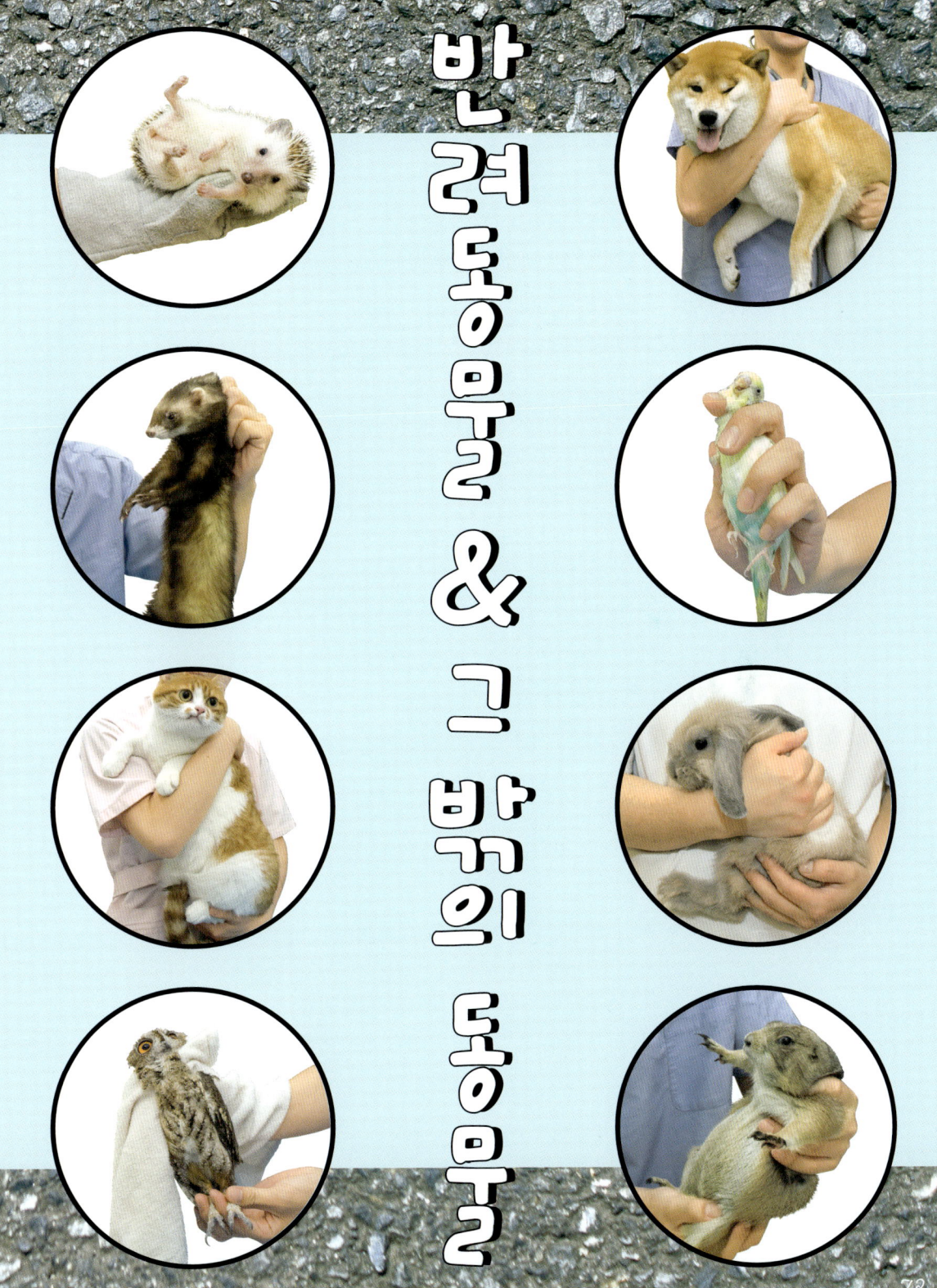

큰 개를 안는 특별한 방법!

반려동물 & 그 밖의 동물

그레이트피레네

큰 개를 다룰 때는 서로의 허리를 조심하세요!

큰 개를 들 때, 무게 때문에 개의 앞다리를 어깨에 걸치고 허리부터 엉덩이까지 손을 둘러서 안는 경우가 많아요. 하지만 이 방법은 안겨 있는 개가 몸부림을 칠 때 발차기를 당하기 쉽고, 떨어뜨렸을 때 개가 안전하게 착지하지 못할 위험이 있어요. 그런 과정에서 개와 사람 모두 허리에 부담이 가기 때문에 별로 추천하고 싶은 방법은 아니에요. 가장 안전한 방법은 한 손으로 개의 가슴부터 어깨 관절까지 잡고 다른 한 손은 엉덩이 관절 부분을 팔로 감싸 안으면서 들어 올리는 거예요. 이 방법이라면 자연스럽게 몸 전체를 꽉 안을 수 있고, 혹시 떨어뜨릴 것 같더라도 안정된 자세로 내려놓을 수 있지요. 처음 안겼던 자세 그대로 말이에요.

DATA

크기 40~100cm
생태 반려동물의 왕이지요. 사람과 가장 끈끈한 유대 관계를 맺어 온 동물이에요.

집 앞마당에서 키우는 강아지를 저녁이 되면 마음껏 산책하도록 풀어 놓고 싶다고요? 옛날에는 가능했을지 몰라도 요즘에는 어려운 이야기지요.

아스팔트가 차갑게 식어 있던 어느 이른 아침 할머니 한 분이 말쑥한 차림새로 개를 품에 안고 우아하게 산책을 하고 계셨어요. 맞아요. 이제 개는 '매일 산책시켜줘야 하는' 존재가 아니라, '산책을 함께 하는 소중한 파트너'가 되었어요. 산책하던 개가 지치거나 더워하면 바로 품에 안아서 달래 줘야 하는 존재가 된 거예요!

개와 함께 지내다 보면 안아 줘야만 하는 다양한 상황이 생기지요. 소중한 개도 위험하지 않고, 안아 주는 주인도 허리를 다치지 않는, 전문가의 방법을 배워 두면 언젠가 도움이 되는 날이 오겠지요.

중간 크기의 개를 안는 방법도 큰 개와 같아요

중간 크기의 개도 안는 방법은 큰 개와 같아요. 한 손은 가슴을 지나 어깨 관절을 잡고, 다른 한 손은 엉덩이 관절 부분을 잡아서 들어 올리듯이 안아요. 어떤 사람은 개의 앞다리를 자기 팔에 올리는 자세로 안기도 해요. 이 방법은 앞다리로 발버둥을 칠 때 개가 앞으로 튀어 나가는 사고로 이어지는 경우도 있어요. 올바른 방법을 명심하세요.

수의사에게 안기면 긴장해서인지 이상한 표정을 짓고, 얼음이 돼요.

시바견

미니어처닥스훈트

작은 개는 품 안에 쏘옥!

큰 개와 중간 크기의 개는 움직이지 못하게 꽉 잡아서 안는 방법이었지만, 작은 개는 부드럽게 안아 주면 좋아요. 몸 안에서 뒷다리가 마구 움직이지 않도록 확실하게 잡아 주면 된답니다. 그리고 몸에 딱 붙여서 안아 주세요. 이 방법으로 안으면 개도 안정감을 느껴요.

고양이

주인의 품을 싫어하는 고양이도 있어요!

반려동물 & 그 밖의 동물

고양이

How to hold

DATA

크기 30~40cm
생태 혼자 있는 것을 좋아하지만, 마음을 열면 굉장한 애교쟁이로 변신한답니다.

옛 날에는 고양이가 집을 나갈 때도, 돌아올 때도 마음대로인 동물이라고 생각을 했어요. 그래서 자유로운 상태 그대로 키우는 경우가 많았지요. 목걸이를 하고 있으면 집고양이, 목걸이가 없으면 길고양이로 구분하기도 했는데, 최근에는 고양이를 둘러싼 환경도 많이 바뀌었지요.

요즘 고양이는 대부분 집 안에서 생활해요. 주인과도 가깝게 지내서 산책하거나 쇼핑하는 주인의 품에 안긴 모습도 종종 볼 수 있게 되었답니다. 그럼 여러분이 그동안 고양이를 안아 온 방법이 올바른지 한번 확인해 볼까요?

고양이 안기

한 손은 고양이의 양쪽 겨드랑이 밑으로 둘러 등에 올리고, 다른 손은 엉덩이부터 둘러 뒷다리를 감싸듯이 잡는 것이 기본적인 방법이에요. 여기까지 하면 그다음은 고양이가 알아서 안겨 있기 편한 자세로 바꾸지요. 환경이 변했어도 고양이는 여전히 변덕쟁이에요. 안기기 싫어하는 고양이도 있기 때문에 억지로 안으려 하는 행동은 현명하지 않아요. 하지만 고양이를 키우다 보면 반드시 움직이지 못하게 해야 할 때도 생기는데, 그럴 때는 92페이지의 직업 정신이 담겨 있는 비법을 참고하세요.

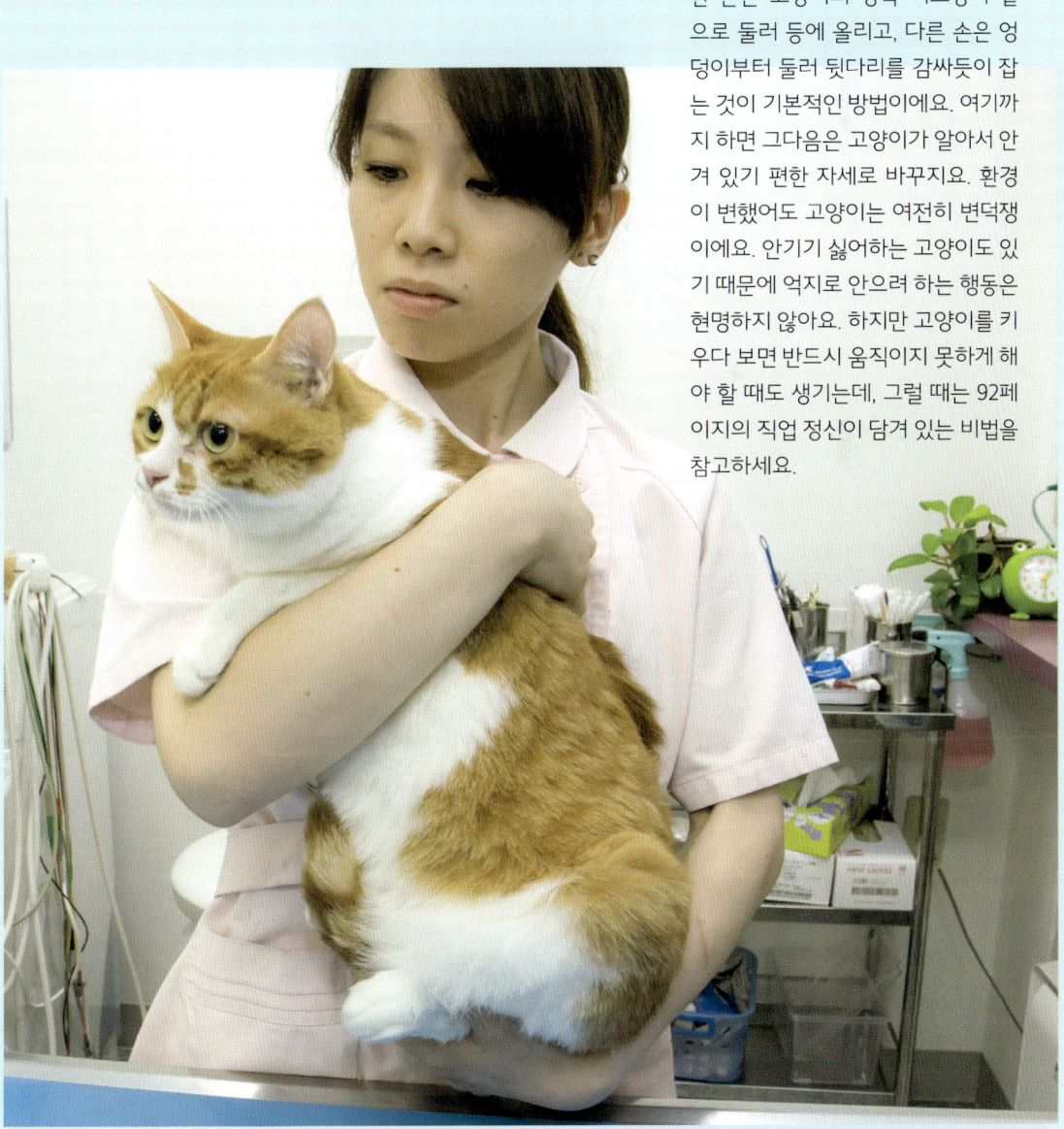

페럿

쭉쭉 늘어나는 목 뒤를 꽉 잡아라!

반려동물 & 그 밖의 동물

페럿의 매력이라면 귀여운 얼굴과 사랑스러운 태도, 그리고 자유로운 성격이지요.

옛날에는 지독한 냄새와 거친 성격 때문에 페럿을 꺼리기도 했는데 이제는 별 상관이 없어졌어요. 반려용 페럿의 대부분은 냄새가 나는 항문 분비샘을 수술로 잘라 내거든요. 수술 덕분인지 성격까지 온순해졌답니다. 페럿의 냄새를 맡아 봤거나 나쁜 페럿에게 물렸던 좋지 않은 기억 때문에 페럿만 보면 뒷걸음질을 치는 친구가 있다면, 이 방법을 배워 보세요. 페럿과 친해질 수 있을지도 몰라요!

> **DATA**
> **크기** 30~40cm
> **생태** 육식 동물이고 단 것도 좋아해요. 밝고 쾌활한 성격으로 촐랑거리며 활발하게 움직이고, 잠을 많이 자요.

반려동물 전문점에서는 이렇게 잡아요.

예비 주인에게 보여 줄 때는 움직이지 못할 정도로 꽉 잡을 필요가 없어요. 페럿이 조금 자유롭게 움직일 수 있도록 겨드랑이 아래를 잡거나, 팔 위에 올려 둔다는 느낌으로 잡아요. 하지만 페럿이 흥분을 했다면 그때는 목덜미를 잡아야 해요. 사실 이런 제멋대로인 점이 페럿의 매력이기도 하지요.

이 부분의 피부가 쭉쭉 잘 늘어나기 때문에 꽉 쥐어서 들어 올려도 괜찮아요.

How to hold

치료는 이렇게 하세요

페럿은 많이 온순해졌지만 자유로운 기질은 그대로라서, 말썽꾸러기 본능이 발동되거나 흥분을 하면 아무도 말릴 수 없어요. 치료를 받으러 병원을 방문한 상황이라면 목덜미를 꽉 붙잡아 반항을 멈추게 만들어야 해요. 이렇게 잡으면 완전히 포기해서 순순히 매달려 있으니, 진찰이나 검진도 이 상태로 진행한답니다. 목 뒤는 쭉쭉 늘어나는 피부라서 조금 세게 잡아도 아픔을 느끼지 않아요. 걱정하지 않아도 돼요.

진찰과 귀 청소도 이 상태로 해요.

토끼

배에 토끼 등짝을 바짝 붙여라!

반려동물 & 그 밖의 동물

DATA

크기 30~60cm

생태 토끼는 겁이 많아요. 기분이 상했을 때는 발을 구르기도 하고, 기분이 좋을 때는 어리광을 부리기도 하지요.

토끼는 모두 귀엽고, 얌전한 것 같다고요? 아니에요. 그런 토끼만 있는 것은 아니랍니다. 토끼 중에는 엄청난 겁쟁이에, 사람 손이 몸에 닿는 것을 몸서리치게 싫어하는 녀석도 있어요. 토끼가 화나면 날카로운 앞니를 드러내며 달려들기도 해요. 또 뒷다리 힘도 상당히 강하니까 절대로 무시하지 마세요. 하지만 힘에 비해 토끼 뼈는 약해서, 실수로 떨어뜨리기라도 하면 쉽게 부러진답니다.

그러니 토끼의 기분은 생각하지 않고 '그냥 평범하게 안으면 되겠지' 하는 마음으로 잘못된 애정 공세를 퍼부으면 안 되겠죠? 눈앞의 토끼가 어떤 상태인지 잘 살펴보아야 해요.

롭이어

일반적인 토끼 안는 법

토끼를 키우는 사람이나 동물병원에서는 이렇게 안아요. 배에 토끼를 딱 붙여서 안으면 토끼도 안심해서 반항하지 않지요.

Approach 순서

1 먼저 귀 뒤의 부드러운 피부를 잡아서 들어요.

2 아래쪽으로 엉덩이 관절 부분을 손으로 받쳐요.

3 안전한 장소로 옮겨 주세요.

……

뒤에서 안기

한 손은 등에 대고 다른 한 손은 엉덩이 아래를 받치듯이 잡은 다음, 안는 사람의 배에 토끼 배가 닿도록 안는 것이 일반적이에요. 하지만 토끼가 날뛰기 시작하면 강한 뒷다리 발차기를 멈추지 않기 때문에 최악의 상황을 머릿속에 그리면서 잡아야 해요. 이럴 때 수의사는 토끼 등을 배에 붙여 안는 방법을 시도해요. 한 손은 겨드랑이 아래로 가슴 부분을 잡고, 다른 한 손은 엉덩이 아래를 잡는 방법이에요. 만약 토끼가 빠져나가려고 발차기를 날려도 허공을 가를 뿐이니 치료 중인 상황이라고 해도 큰 영향을 받지 않겠지요.

4
올바른 자세로
바꾸어 안아 주세요.

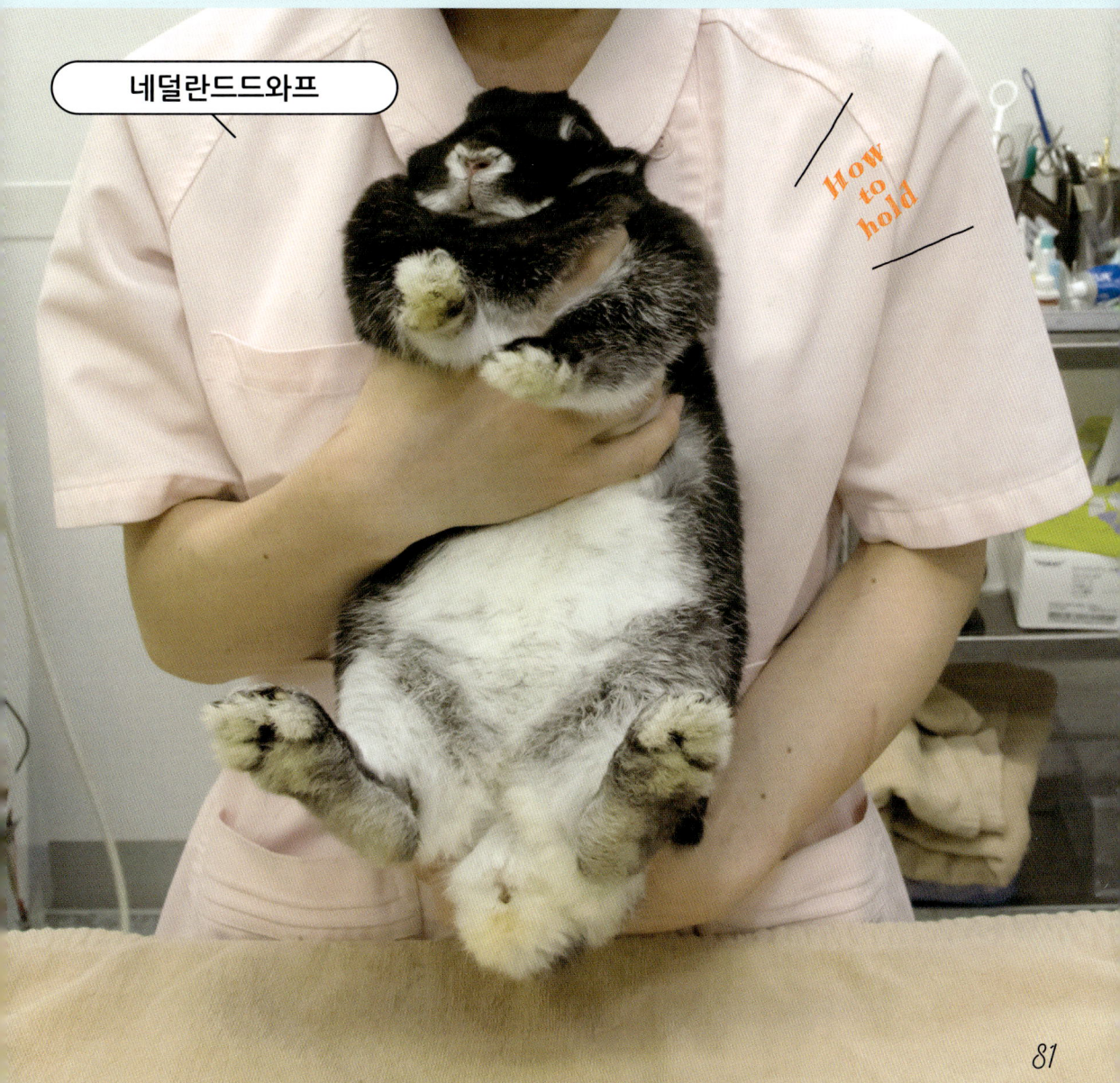

네덜란드드와프

How to hold

사랑앵무

야구공을 잡듯이!

반려동물 & 그 밖의 동물

DATA

크기 18~23cm
생태 사람과 금방 친해지는 수다쟁이에요. 알이 금세 쌓여요.

How to hold

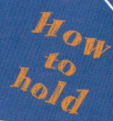

목의 양옆을 조이듯이 잡고 몸 전체를 손으로 움켜쥐어요.

야구공?

새장에 손을 넣었을 때 난동을 부리려는 분위기라면, 손을 넣은 상태에서 새와 조금 간격을 두고 틈을 엿봐야 해요. 그러다 날갯짓할 때를 노려 순식간에 뒤쪽에서 덮쳐서 잡아요. 이때 손의 자세는 강속구를 던지려고 야구공을 잡았을 때와 비슷해요. 집게손가락과 가운뎃손가락으로 목을 고정하면 더는 무모한 저항을 하지 않지요.

사랑앵무와 문조처럼 작은 새는 뼈가 가늘고 몸이 가볍기 때문에, 올바르게 잡지 않으면 새가 크게 다칠 수도 있어요. 어릴 때부터 제대로 배워서 손놀림에 익숙해지면 새를 더욱 안전하게 다룰 수 있겠지요. 실내에서 새가 새장을 빠져나가 날아다니며 영영 돌아오려고 하지 않을 때나, 병원에 데려갈 때를 대비해서 제대로 잡는 방법을 알아 두면 좋지 않을까요?

살짝 눌러 주세요. 이 손가락의 움직임이 핵심 포인트예요.

수의사가 다루는 방법

세 손가락으로 잡기
치료할 때 머리를 고정시키는 방법이에요.

날개 펼치기
진료할 때 날개의 안팎을 꼼꼼하게 체크할 수 있어요.

새는 뼈가 가늘고 약하니 조심해서!

큰소쩍새

갓 태어난 아기처럼 다루기!

나는 인기 만점 아프리카소쩍새

반려동물 & 그 밖의 동물

DATA

크기 20~30cm
생태 야행성 동물로 어둠 속에 몸을 숨기고 살아요. 어딘가 길을 가던 중 발견하면 전문가에게 데려가세요.

요즘에는 도시 개발을 위해 숲을 없애는 일이 많아졌어요. 그만큼 소쩍새의 모습을 볼 기회도 없어요. 하지만 사람들의 사회 속에서 씩씩하게 살아가는 소쩍새도 있답니다. 또 가끔 먹이를 쫓다가 그대로 빌딩 유리에 돌진하는 경우도 있지요. 어느 날 생각지도 못한 곳에서 상처 입은 소쩍새를 발견하게 될지도 몰라요. 그럴 때 올바르게 대처하지 않으면 소쩍새가 큰 스트레스를 받을 수도 있어요. 소쩍새를 잡는 올바른 방법을 배워 두면 만일의 상황에서 소쩍새의 생명을 구해 줄 수 있을지도 몰라요.

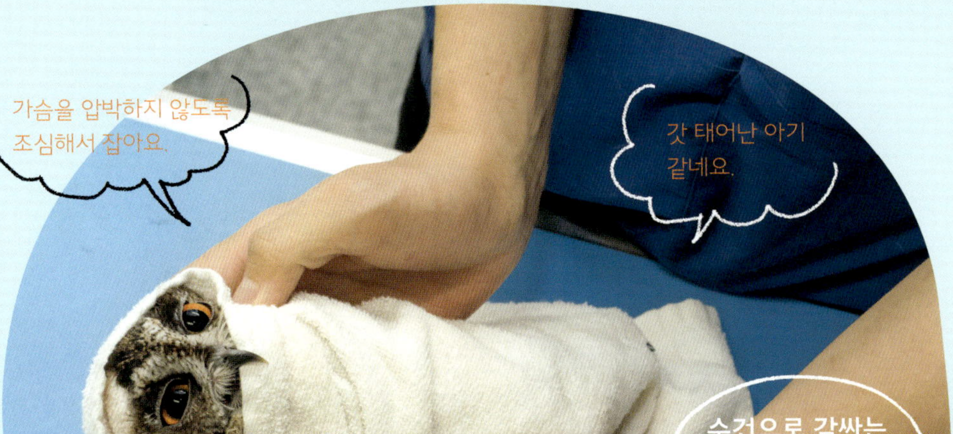

가슴을 압박하지 않도록 조심해서 잡아요.

갓 태어난 아기 같네요.

부리를 조심하세요.

수건으로 감싸는 것이 더 안전하게 잡는 방법이에요.

가장 먼저 할 일은, 소쩍새 안심시키기!

야생 동물은 사람 손이 몸에 닿는 것만으로도 엄청난 스트레스를 받아요. 무리해서 잡으려고 하면 쇼크로 죽을지도 몰라요. 그래서 예민한 야생 동물을 만질 때는 안심시키는 것이 무엇보다 중요해요. 가장 좋은 방법은 수건으로 뒤쪽에서 목과 다리를 가볍게 잡고, 아기를 돌보듯이 감싸 주는 거예요. 안정된 상황에서 필요에 따라 수건을 조금씩 고쳐 잡으며 부분적으로 몸 상태를 체크해요.

How to hold

목을 뒤쪽에서 받치듯이 고정하며 확실히 잡아 주세요.

수건을 벗길 때 두 다리를 확실히 잡아 주세요.

프레리도그

아래쪽에 수건을 깔고, 도주에 대응하기!

반려동물 & 그 밖의 동물

DATA

크기 35~45cm

생태 집단생활을 하는 동물이라서, 매일 만나면 사람을 동료라고 생각하고 잘 따라요.

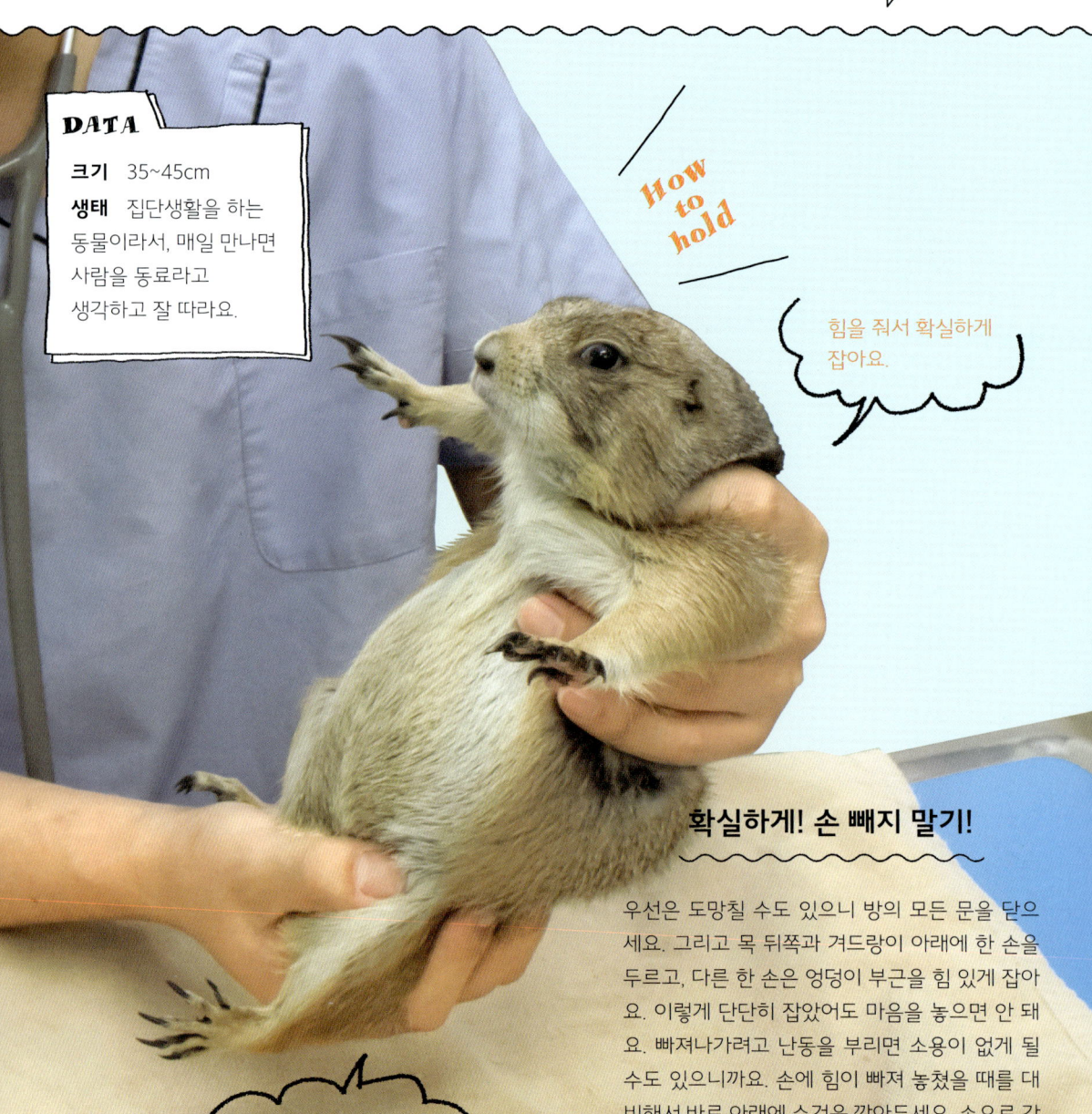

How to hold

힘을 줘서 확실하게 잡아요.

확실하게! 손 빼지 말기!

우선은 도망칠 수도 있으니 방의 모든 문을 닫으세요. 그리고 목 뒤쪽과 겨드랑이 아래에 한 손을 두르고, 다른 한 손은 엉덩이 부근을 힘 있게 잡아요. 이렇게 단단히 잡았어도 마음을 놓으면 안 돼요. 빠져나가려고 난동을 부리면 소용이 없게 될 수도 있으니까요. 손에 힘이 빠져 놓쳤을 때를 대비해서 바로 아래에 수건을 깔아두세요. 손으로 감당 못 하겠다는 느낌이 들면 재빠르게 수건으로 감싸 버려야 해요.

엉덩이에 손을 받치듯이 대고, 빠져나가려고 하면 움직이지 못하게 꽉 잡아요.

강한 앞니와 날카로운 발톱을 무기로 가졌고, 성격도 보통이 아니에요. 정말로 다루기 어려운 동물이지요. 프레리도그는 고양이나 페럿보다 훨씬 제멋대로이고 야생 동물의 특성이 넘치지만, 주인과 빨리 친해지고 애교가 많기도 해요. 한편으로 새침데기 같은 모습도 있어서 반려동물로 키우고 싶어 하는 사람이 많지요.

옆집에서 키우는 프레리도그가 어느 날 우리 집 앞마당으로 쳐들어오는 일도 일어날 수 있어요. 방문을 열었는데 이 자그마한 폭군이 침입한 것을 발견하면, 방을 엉망으로 만들기 전에 잡아서 옆집으로 보내 줘야 해요.

그때를 대비해서 프레리도그 제대로 잡는 방법을 배워 볼까요.

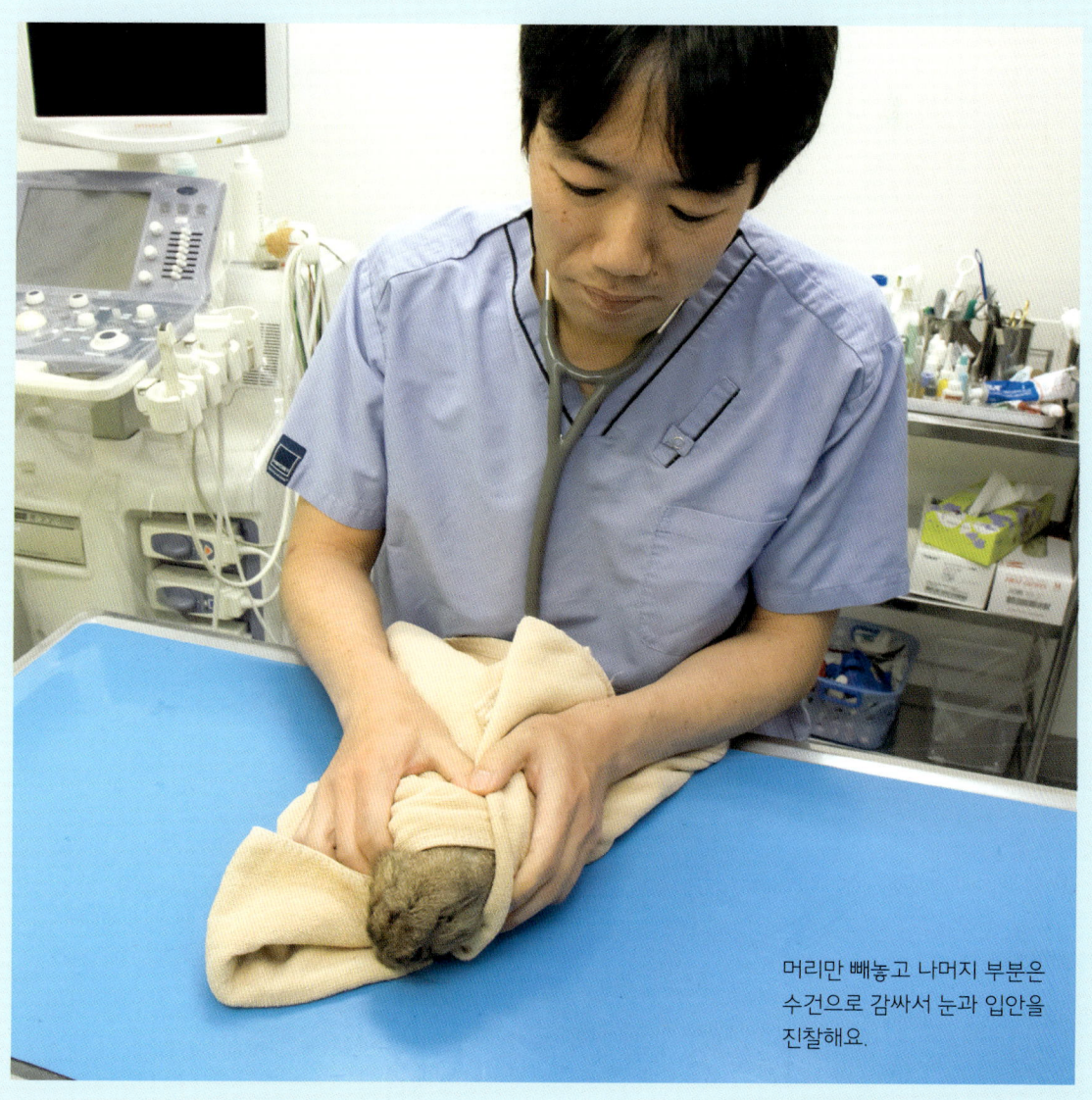

머리만 빼놓고 나머지 부분은 수건으로 감싸서 눈과 입안을 진찰해요.

고슴도치

가죽 장갑을 잊지 말 것! 맨손으로는 만지지 마세요!

반려동물 & 그 밖의 동물

고슴도치는 귀여운 반려동물 캐릭터로 사랑받고, 동물원에서도 사람들의 인기를 독차지하는 동물이지요. 그런데 일본에서는 특정 외래 생물로 지정되어 유명해진 고슴도치도 있어요. 일본의 어느 지역에서 야생화된 반려용 고슴도치가 발견되었기 때문이에요. 발견된 고슴도치들은 일본의 토종 야생 고슴도치들과 달리 특정 외래 생물로 지정되어 사육과 판매가 금지되었지요. 한편으로는 그만큼 야생에서 고슴도치를 만날 기회가 늘었다고 말할 수도 있지 않을까요? 만약 길을 가다가 고슴도치와 만나면 어떻게 하면 좋을까요?

DATA

크기 15~25cm

생태 고슴도치는 겁이 많지만, 익숙해지면 귀여운 눈동자로 물끄러미 눈을 맞춰 줘요. 곤충을 좋아하지요.

How to hold

사육 상자에서 꺼낼 때는 가죽 장갑을 껴야 해요. 맨손으로 잡을 수도 있지만, 혹시 뾰족한 가시에 찔려 고슴도치를 떨어뜨리면 더 위험하니 장갑을 끼는 것을 추천해요. 등이 손바닥으로 오게 잡은 다음, 뒤집어서 고슴도치가 위를 보는 자세로 잡으면 돼요.

놀라서 공격할 때는 등의 가시를 바짝 세워서 찔러요.

많이 만지지 마세요

몸을 둥글게 말고 등의 가시를 세워서 자기의 몸을 지키려는 행동을 보면 알 수 있듯이, 고슴도치는 매우 겁이 많고 경계심이 강한 동물이에요. 그러니 무리해서 잡으려고 하지 마세요. 병원에서도 투명 상자에 넣은 채로 진찰하고 있거든요. 손으로 움직이지 못하게 눌러야 하거나, 꽉 잡아야 할 때에는 가죽 장갑이나 케브라 섬유로 짠 산업용 장갑을 이용하면 좋아요.

배에는 가시가 없어요.

잡으면 반드시 가시를 세우기 때문에, 서로 안전하려면 가죽 장갑을 꼭 껴야 해요.

진찰 풍경

굳이 만지지 않고 투명한 플라스틱 상자에 넣고 진찰해요.

Column 동물들의 발톱 손질

동물을 키울 때 고생스러운 작업 중의 하나는 '발톱 손질'이에요.
주인이 직접 하려고 하면 동물들은 어찌 알고 달아나 버리지요.
주인도 점점 지쳐 가고, 결국 대충하게 돼요.
이럴 땐 수의사 선생님의 도움이 필요하답니다.
전문가는 어떤 동물의 발톱이라도 솜씨 좋게 손질하지요.

토끼

토끼의 발톱을 자를 때는 두 사람이 각각 몸을 고정시키는 역할과 자르는 역할을 맡아서 하면 안전해요. 자르는 사람에게 배를 보여 주는 자세로 안으면 편해요.

* 혼자서 할 때

토끼의 자세가 2인 1조로 작업할 때와 같도록 잘 잡은 뒤, 혼자서 손질해요. 토끼가 얌전하게 있어 주면 이 방법으로도 충분하지요.

* 난폭한 토끼의 경우

온몸으로 거부하며 난폭하게 구는 토끼는 큰 수건으로 감싸고 발만 삐죽 내민 상태로 손질을 시작해요. 수건에서 빠져나오지 못하게 머리와 엉덩이 쪽을 단단히 감싸 주세요.

프레리도그

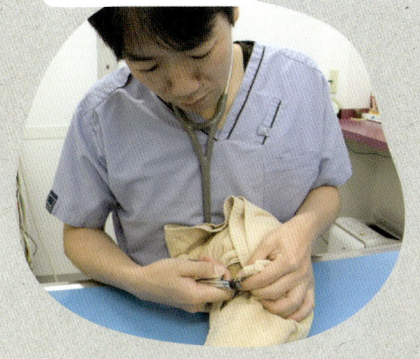

야단법석을 피울 것이 불 보듯 뻔하기 때문에 처음부터 수건으로 야무지게 감싸 주세요. 움직이지 못하게 한 뒤에 발만 밖으로 빼서 손질해요. 이 방법이라면 물릴 일도 없지요.

페럿

목덜미를 꽉 잡은 채로 신중하게 손질해요. 페럿은 이 자세로 잡을 때만 얌전하게 있으니, 진찰도 발톱 손질도 모두 이 상태로 진행하는 것이 안전하답니다.

유대하늘다람쥐

발톱이 삐져나올 정도의 구멍이 뚫린 빨래 주머니에 통째로 넣어요. 그런 다음 그물 구멍 밖으로 발톱을 내밀도록 자세를 잡아 준 뒤 손질해요. 다람쥐 종류도 이 방법이 통한답니다.

고슴도치

고슴도치는 움직이지 못하게 잡아 두는 것 자체가 불가능해요. 그래서 그물판 위에 올려 두고 틈으로 삐져나온 발톱을 손질해 줘야 해요. 발톱이 잘렸다는 것조차 못 느낄지도 몰라요!

거북

다리를 들어 내미는 자세로 고정한 뒤 손질해요. 의외로 거북의 발톱도 길게 자라요. 신경이 쓰인다면 잘라 주면 돼요.

Column 동물 다루기의 핵심 기술!

보통은 정해진 방법으로 대응하면 되지만, 치료를 하다 보면
동물을 꼼짝 못하게 고정해야만 하는 상황이 벌어지기도 해요.
이때는 동물의 크기와 뼈의 강도, 컨디션 등 여러 가지 사항들을 고려해야 해요.

개

허리 근처에 팔을 두르면서 체중을 싣고, 머리와 앞다리를 눌러요. 그래도 거칠게 움직이며 반항하면 앞다리를 앞으로 쭉 뻗어 배를 바닥에 닿게 해 주세요. 이 방법이면 주사 맞기를 싫어하는 개에게도 주사를 맞힐 수 있지요.

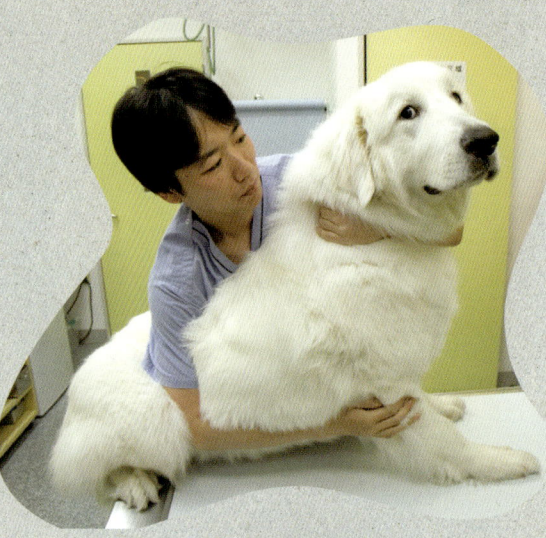

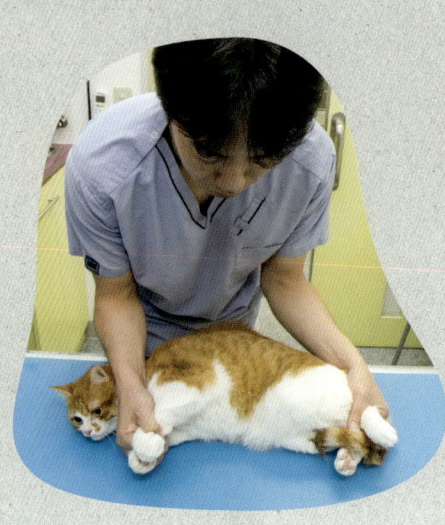

고양이

네 다리를 꽉 잡고 팔로 목의 옆 부분과 넓적다리 부근을 눌러서 움직이지 못하게 해요. 몸부림을 치는 경우에는 힘 조절이 필요해요.

파충류 전문점을 운영하는 전문가는 이렇게 해요!

파충류는 대부분 야생 동물이기 때문에, 사람에게 익숙하지 않아요. 하지만 떠오르는 인기 애완동물 후보인 파충류 전문가가 그들을 다루는 방법을 모른다면 말이 안 되겠지요?
파충류를 제대로 잡기 위해서는 누구보다 파충류에 대해 자세히 알고 있어야 해요. 또 동물들을 유심히 관찰하고 현재 상태를 정확하게 알아야 하지요. 언젠가 새로운 주인의 품에 안길 동물들이니 항상 건강하게 돌봐 주어야 해요. 또 저도 다치면 아프니까요.

Profile
야마다 가즈히사

파충류 전문점을 운영하고 있어요. 양서류와 파충류 중에서도 특히 위험한 동물을 잘 다룬답니다. 언젠가 주인을 만날 동물들을 잘 돌봐 주어야 한다는 것을 늘 마음에 새기고 있어요.

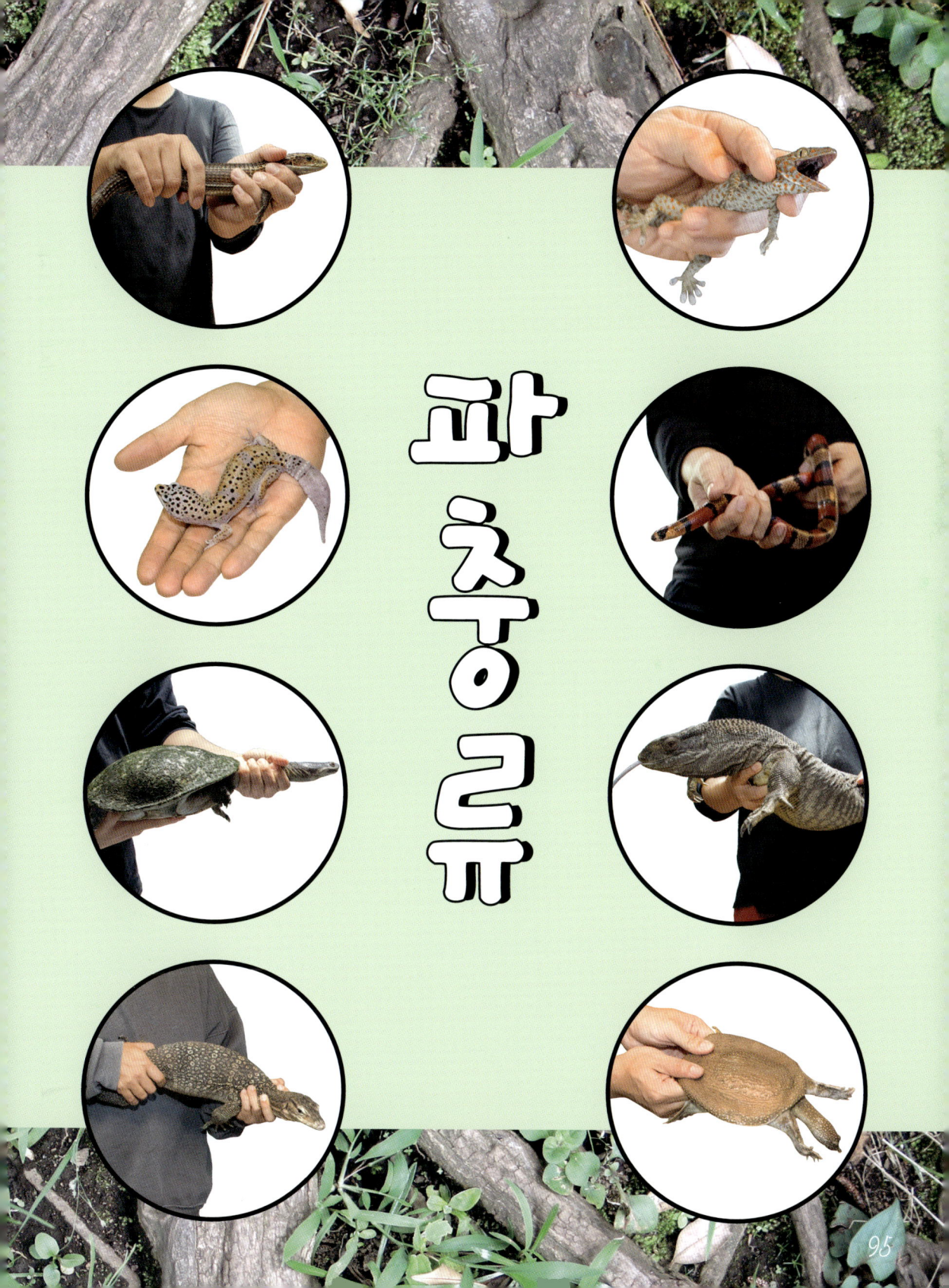

파충류

왕도마뱀

날카로운 이빨과 거친 성격의 주인, 방심은 금물!

파충류

DATA

크기 140~250cm

자주 발견되는 장소
동남아시아의 연못이나 하천 근처에서 발견돼요. 사람이 사는 곳에도 나타나요.

생태 포유류, 조류, 어류뿐만 아니라 새우나 게 등 무엇이든 먹어 치워요. 사람도 잘 따라요. 암컷 혼자서도 알을 낳을 수 있는 단위생식*을 한답니다.

* 단위생식: 암컷이 수컷과 상관없이 단독으로 번식하는 것을 말해요.

꼬리를 채찍처럼 휘두르니 조심!

예리한 발톱은 살점을 칼날처럼 도려내 버리니 조심하고 또 조심해야 해요!

크게 자라면 2m를 넘는 왕도마뱀은 파충류를 좋아하는 사람이라면 누구나 동경하는 동물이지요. 집에서 길러 보고 싶다고 한 번쯤 생각해 본 사람도 많을 거예요. 왕도마뱀은 힘도 세고, 아주 활발하게 움직여요. 화가 나면 꼬리를 휘두르며 나는 듯이 달려드는 경우도 있어요. 매우 위험한 동물이지요…….

가장 조심해야 하는 것은 바로 입이에요. 독은 없지만 이빨이 굉장히 날카로워서 피부를 갈기갈기 찢고, 입안에는 세균이 가득하기 때문에 물리면 상당히 고생하게 될 거예요.

다음으로 조심해야 하는 것은 바로 발톱이에요. 커다란 몸으로 나무를 타기 때문에 발톱이 단단하고 날카로울 것이라는 사실은 말 안 해도 알겠죠? 고깃덩이를 순식간에 조각 내 버릴 만큼 무시무시한 발톱이에요.

마지막으로는 꼬리를 조심해야 해요. 긴 꼬리가 채찍이나 지렁이처럼 휘적휘적 움직이기만 하면 좋겠지만, 만만히 봤다가는 큰코다쳐요.

그럼 지금부터 왕도마뱀을 다루는 방법을 확실히 배워 볼까요!

난폭한 왕도마뱀이라면?

사람도 왕도마뱀도 모두 안전하기 위해서는 난폭한 왕도마뱀을 확실하게 제압할 필요가 있어요. 물리거나 발톱에 걸려들지 않도록 앞다리와 머리, 그리고 뒷다리와 꼬리를 동시에 꽉 잡아요. 꼬리를 휘두르지 못하도록 겨드랑이 사이에 단단히 끼우는 것이 기본적인 방법이에요. 순식간에 성공하지 못하면 다쳐요!

How to hold

How to hold

허리 주변을 잡고 꼬리는 겨드랑이 사이에 끼워요.

머리를 단단히 잡고 있어야 해요!

블랙슷모니터

DATA
크기 150~200cm
자주 발견되는 장소
아프리카 대륙 남부의 건조한 초원 지대나 암석 지대에서 발견되지요.
생태 조류나 포유류를 잘 먹어요. 이 도마뱀은 특유의 달콤한 냄새를 풍겨요. 추운 환경에서는 겨울잠을 자듯 쉬는 동물이라, 사육할 때 춥지 않도록 따뜻한 환경을 만들어 주는 것이 중요해요.

얌전한 왕도마뱀이라면?

아무리 얌전한 왕도마뱀이라도, 언제 어디서 이빨을 드러내고 달려들지 모른다는 점은 똑같아요. 블랙슷모니터도 난폭한 왕도마뱀과 똑같이 목과 앞다리, 그리고 꼬리가 시작되는 뒷다리 부분을 잘 잡아야 해요. 이 기본 자세에 성공하면 즉시 힘을 줘서 움직이지 못하게 고정해요. 물리면 위험하니 특히 머리 쪽을 잘 누르는 것이 중요해요.

중형 도마뱀

몸집이 크지 않아도 힘이 넘치고 포기를 모르는 녀석들!

> 파충류

'왕도마뱀을 잘 다룰 수 있으면 중형 도마뱀 쯤이야 식은 죽 먹기지!'라고 생각했다면 큰 착각이에요. 왕도마뱀과는 잡는 방법이 전혀 다르기 때문에 방심하면 절대 안 돼요. 아무리 중형이라도 턱 힘이 강하고, 입안에 가득 돋아난 이빨도 날카로워요. 물렸을 때의 위력과 위험 역시 왕도마뱀에 뒤지지 않아요.

How to hold

수단플레이트도마뱀

잠시라도 긴장을 늦추면 드릴처럼 회전해요! 절대로 방심하면 안 돼요!

DATA

크기 40~50cm

자주 발견되는 장소
아프리카 남부 건조한 사바나의 암석 지대 근처에서 볼 수 있어요.

생태 흰개미 둔덕에서 자주 발견되고, 귀뚜라미 같은 곤충을 잘 먹어요. 온도 변화나 습도 변화에도 적응을 잘하고, 사람도 잘 따라서 사육하기 좋아요.

중형 도마뱀을 대할 때 '적당히'는 없다!

거친 성격을 가진 중형 도마뱀은 잡기가 굉장히 힘들어요. 발톱 공격은 심하지 않지만, 반드시 물려고 덤벼들어요. 에너지가 넘치기 때문에 좀처럼 포기하지 않아요. 그러니 머리 주변과 꼬리 부분의 관절을 놓치지 않게 단단히 붙잡아서, 반항을 멈추게 해야 해요. 절대 대충하면 안 된다는 것을 명심하세요!

How to hold

중형 이구아나

잡는 방법은 다른 도마뱀과 똑같지만, 중형 이구아나는 이빨만큼 발톱도 조심해야 하는 것을 잊지 마세요. 꼼짝 못 하게 움켜쥐면 금세 얌전해지니, 잘 잡았다면 힘은 세게 주지 않아도 괜찮아요. 힘 조절은 경험이 없으면 하기 힘들기도 하고요.

쿠바이구아나

DATA

크기 100~120cm

자주 발견되는 장소
쿠바의 햇볕이 잘 드는 곳이라면 어디든지 가리지 않아요.

생태 외모와 어울리지 않게 과일이나 식물을 좋아하는 초식성 입맛을 갖고 있어요. 사람을 잘 따르기도 하지요. 멸종 위험이 높은 동물 중 하나로 엄격하게 보호되고 있고, 해외에서는 번식도 적극적으로 이루어지고 있어요.

레오파드게코

> 파충류

가만히 손바닥 위에 태우고, 엄지손가락을 등에 올려요!

목 도리도마뱀처럼 화제가 되었던 도마뱀은 몇 종류 있지만, 애완동물로 이 녀석만큼 사랑받는 도마뱀이 또 있을까요? 맞아요. 레오파드게코 이야기예요.

요즘은 남녀노소를 불문하고 레오파드게코를 키워서, 지하철이나 카페에서도 레오파드게코 이야기로 꽃을 피우는 장면을 심심치 않게 볼 수 있을 정도지요! 공항에서도 승무원에게 "비행기 안에 데리고 타면 안 돼요?"라고 조르는 어린이도 있다고 하니, 레오파드게코의 인기가 대단하지요?

지금부터 파충류를 좋아하는 친구들은 잘 들으세요! 레오파드게코를 능수능란하게 다루면서 친구들에게 인기도 얻을 기회가 찾아왔어요. 지금부터 레오파드게코에게 다가가는 방법과 잡는 방법을 알아볼까요?

크기 20~30cm

자주 발견되는 장소
서아시아의 사막이나 황야처럼 건조한 지대에서 만날 수 있어요.

생태 일본에서는 야생 동물을 수입하고 판매하는 일이 까다롭기 때문에, 파충류 전문점에서 볼 수 있는 파충류는 대부분 인공 증식으로 태어난 동물들이에요. 레오파드게코는 번식시키기 쉽고 곤충용 인공 사료나 갈색거저리 같은 곤충도 잘 먹어서 오래전부터 애완동물로 인기가 높았어요.

Approach 순서

1 양손과 레오파드게코 사이의 간격을 좁혀요.

2 손 위에 태워요.

3 이것으로 충분해요.

How to hold

마지막까지 조심스럽게 다뤄 주세요

레오파드게코는 사실은 꽤 다루기 힘든 동물이에요. 도망가려고 정신없이 움직여서 덥석 잡으면 자기 꼬리를 잘라 버리는 경우가 있거든요. 또 입으로 물면서 맹렬하게 공격하기도 해요. 그러니 가만히 손바닥 위에 태우고 엄지손가락으로 등을 눌러 주는 정도로만 다뤄 주세요. 마지막까지 조심스럽게 다뤄야 하는 것 잊지 마세요.

토케이게코

"토케이!" 하고 우는, 화려하고 위험한 녀석!

파충류

예 전에 동남아시아를 여행했던 적이 있었는데, 한밤중에 방 어딘가에서 이상한 소리가 나기 시작했어요. 정체를 알 수 없으니 무서웠지만 용기를 짜내서 불을 켰어요. 그 순간 깜짝 놀라고 말았어요! 엄청 크고 화려한 도마뱀이 벽에 찰싹 달라붙어 있는 것이 아니겠어요! 옆에 있던 아내는 너무 놀라서 비명도 지르지 못했고, 딸아이는 울면서 소리를 질렀어요. 당황한 가족들을 안심시키기 위해 나는 도마뱀과 결투를 벌여야 했지요. 이런 일은 여러분에게도 일어날 수 있어요! 그러니 작은 도마뱀 잡는 방법을 잘 알아두면 좋겠지요?

손가락으로 턱의 양옆을 눌러 잡아요.

How to hold

DATA

크기 25~35cm

자주 발견되는 장소
동남아시아의 일반 가정집이나 그 주변에서 발견돼요.

생태 수컷은 큰 소리로 '토케이!' 하고 우는데, 그 울음소리가 그대로 이름이 되었어요. 인도네시아에서는 행운을 가져다주는 동물로 알려져 있지요. 귀뚜라미나 갈색거저리를 먹는데, 집에서 키우기는 생각보다 까다로워요.

approach 순서

1. 매일 그렇듯이 화를 내지요.
2. 틈이 보이면 탁하고 손바닥으로 눌러 잡아요.
3. 손가락을 움직여 자세를 고쳐 잡아요.
4. 들어 올리면 끝이에요.

앗, 물렸다!

승리인가, 패배인가

토케이게코는 최대 30cm까지 자라는 난폭한 도마뱀이에요. 지금까지 많은 토케이게코를 보아 왔지만, 얌전한 녀석은 단 한 마리도 없었어요. 언제나 입을 쩍 벌리고, 큰 목소리로 위협해 왔지요. 도마뱀이니 당연히 꼬리를 자르고 도망가는 경우도 있겠지만, 이 녀석은 달라요. 마주치면 이기느냐 지느냐의 상황이 벌어진다고 생각해야 해요. 이기려면 손바닥으로 몸 전체를 노려서 확 덮치고 턱 뒤쪽을 꽉 잡은 뒤에, 단단히 붙잡아야 해요. 꼬리 부분을 잡는 게 아니라면 토케이게코도 자기 꼬리를 쉽게 자르지 않으니 괜찮아요.

독이 없는 중형 뱀

뱀은 대부분 물지만, 독은 없다!

> 파충류

뱀을 싫어하는 사람일수록 뱀을 잘 발견해요. 주변을 경계하며 뱀이 있을 만한 장소에 저절로 눈길이 가기 때문이지요. 이건 사람이 가진 대단한 방어 능력 중의 하나이기도 해요. 왜냐하면 뱀이 날 발견하기 전에 내가 먼저 발견하면 몸을 얼른 피할 수 있으니까요. 하지만 만약 넋 놓고 길을 걷다가 뱀을 밟아 버렸다면 어떻게 될까요? 눈앞에 장애물이 가득해서 한 걸음도 내딛기 어려운 상황이라면 어떻게 해야 좋을까요? 그럴 때를 대비해서 다양한 뱀을 제대로 잡는 방법을 알아 두면 좋겠지요.

approach 순서

1. 머리를 노려요.
2. 목 뒤쪽을 꽉 잡아요.
3. 그대로 잡아서 들어 올려요.
4. 머리는 이렇게 잡아요.

초록나무비단구렁이

How to hold

DATA

크기 120~180cm

자주 발견되는 장소
인도네시아나 뉴기니 섬 열대 우림의 나무 위에서 발견되고는 해요.

생태 하루의 대부분을 나무 위에서 똬리를 틀고 가만히 있는 데 써요. 포유류도 잡아먹지만, 특히 조류를 좋아해요. 신경질적인 성격으로 사람을 무는 경우도 많아요. 나무 위에서 지내는 뱀은 땅 위에서 지내는 뱀보다 이빨이 길어서 물리면 많이 아파요.

초록나무비단구렁이에게 물리면 반드시 피를 흘리게 된다!

초록나무비단구렁이처럼 나무에서 지내는 왕뱀이나 비단구렁이는 만나면 틀림없이 공격한다고 생각해도 좋아요. 독은 없지만 이빨이 길어서 물리면 피가 많이 나요. 가게를 찾은 손님 앞에서 전문가가 뱀에 물려 피를 펑펑 흘리면 곤란하겠지요. 그런 일이 벌어지지 않으려면 우선 머리를 제압해야 해요. 턱의 양옆과 머리 위에 손가락을 대고 꾹 눌러서 물리지 않도록 잡은 뒤, 팔에 몸을 감게 해서 안정시키면 공격하지 않아요. 놓아줄 때는 말려 있는 몸부터 풀고, 머리를 가장 마지막에 내려놓으면 돼요.

반드시 무는 뱀, 아카마타능구렁이

일본에서는 뱀이 등장해서 대소동을 벌이는 내용의 프로그램이 TV에서 방영되기도 해요. 이런 방송에서 자주 등장하는 뱀이 아카마타능구렁이에요. 오키나와 혹은 아마미 지역의 섬에 사는 뱀인데, 성격이 불같아서 마주치면 반드시 공격해요. 이 뱀도 머리를 확실히 잡고 몸의 가운데 부분을 받쳐 주는 느낌으로 잡으면 돼요.

아카마타능구렁이

How to hold

DATA

크기 90~140cm

자주 발견되는 장소
일본 오키나와 섬과 아마미 섬의 밀림이나 밭 등 이곳저곳에서 발견돼요.

생태 파충류나 포유류, 조류를 잡아먹는데, 시체든 알이든 가리지 않고 다 먹어요. 성격이 거칠고 잡으면 반드시 공격하는 뱀이라서 다루기 까다로워요.

1 공격할 태세를 취한 아카마타능구렁이

Approach

순서

2 타이밍을 잘못 맞춰서 물렸어요!

3 이번에는 타이밍을 잘 맞춰서 다가가요.

4 머리를 꽉 눌러요.

5 턱 양쪽을 단단히 잡아요.

물리더라도 상처는 이 정도예요.

How to hold

텐저린혼두란밀크스네이크

물지 않는 뱀

뱀은 으레 물 거라고 생각하는 사람이 많지만 꼭 그렇지만은 않아요. 사진처럼 뱀의 몸 뒤쪽 절반 정도를 아래에서 받치는 느낌으로 가볍게 잡고, 팔에 몸을 휘감도록 잡으면 별일 없어요. 머리부터 몸 중간까지는 자유롭게 놓아 주고 가는 방향만 조종하는 느낌으로 잡아 주세요. 무리하게 머리를 세게 잡으면 물릴지도 모르니, 조심하는 것이 좋아요.

DATA

크기 50~190cm

자주 발견되는 장소
미국부터 남미 지역까지 분포하고, 밀림에 살아요.

생태 몸의 색깔이나 무늬가 맹독을 가진 산호뱀과 비슷해요. 미국에서는 옛날부터 애완용으로 기르고 인공 증식도 많이 하는 뱀이에요.

무족도마뱀

뱀과 닮은 도마뱀, 몸을 회전시켜 도망친다!

파충류

DATA

크기 100~120cm

자주 발견되는 장소
유럽이나 러시아 등 건조한 지역에서 볼 수 있어요.

생태 다리가 없어서 언뜻 뱀처럼 보이지만, 도마뱀의 한 종류예요. 40년 이상 산다고 알려진 장수 도마뱀이에요.

이 동물은 대체 무엇일까요! 늠름하고 씩씩한데 다리가 없으니…… 뱀인가? 요괴인가? 이렇게 생긴 동물이 갑자기 눈앞에 나타나면 누구나 정체가 무엇인지 궁금해지겠지요. 정체를 짐작하기 어려운 외모의 동물을 잡을 때는 뱀과 도마뱀 때보다 더 큰 배짱이 필요해요. 그런데 다리가 없는 이 도마뱀을 어떻게 잡아야 할까요? 도마뱀 다루듯 다리 관절을 잡을 수도 없고 말이에요. 몸이 딱딱해서 뱀처럼 팔에 감기지도 않아요! 그럴 때는 이 방법으로 해결할 수 있어요!

유럽왕무족도마뱀

의외로 미남!

난폭한 성격의 녀석인지 끝까지 잘 지켜보세요!

적당한 힘 조절이 중요해요!

무족도마뱀은 중형 도마뱀과 잡는 방법이 비슷해요. 목을 구부려 이빨로 공격해 오지 못하도록 머리 부분을 잡고, 뒷다리가 있어야 할 위치를 꽉 잡으세요. 그런데 마치 전기드릴처럼 회전하면서 갑자기 반항할 수 있어요. 몸을 비틀며 회전하기 시작하면 물리지 않도록 조금씩 손의 힘을 풀어 마음껏 몸을 비틀게 놓아주세요. 무족도마뱀도 쉽게 포기하지 않겠지만, 이쪽도 포기하면 끝이니까요!

뱀목거북

긴 목을 이용해서 사방팔방에서 공격하다!

파충류

목이 길어 뱀목거북이에요. 보통은 이런 거북을 보면 기분 나쁜 동물이라고 생각할 수도 있지만, 거북 마니아들 사이에서는 높은 인기를 자랑하고 몸값도 비싸답니다. 한 마리에 수천만 원이나 하는 종류도 있어요. 비싸다는 이야기를 들으니 흥미가 생긴 친구가 있나요? 하지만 이 거북은 사정없이 공격하는 폭군이에요. 만약 발견하면 어떻게 해야 할까요?

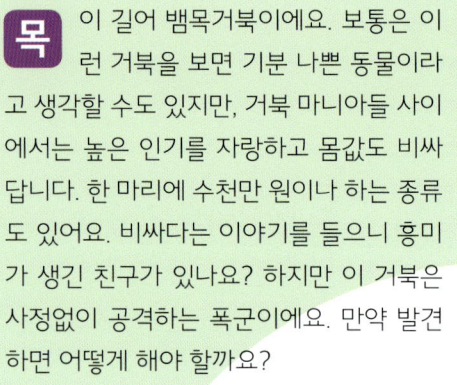

시벤락뱀목거북

긴 목을 물 밖으로 빼서 호흡해요.

등딱지와 배딱지 사이 공간에 목을 굽혀서 넣어요.

DATA

크기 25~35cm

자주 발견되는 장소
인도네시아나 뉴기니 섬, 호주의 하천이나 늪지에 살아요.

생태 수영을 잘해서 물고기나 새우, 게 등을 사냥해요. 다른 거북과 달리 딱지에 목을 집어넣지 못해요. 오세아니아 지역에만 살고 있는 곡경류* 거북 중의 하나예요.

* 곡경류: 거북의 종류 중 하나예요. 거북은 목을 굽혀서 옆으로 숨기는 곡경류와 등딱지에 집어넣어 숨기는 잠경류가 있어요.

How to hold

물속에서 살기 때문에 등딱지는 이끼투성이에요.

뒷다리 관절을 잡아요.

뒷다리 관절에 손가락을 잘 끼워서 배딱지를 누르는 것이 비법이에요.

역시 이 부분이죠!

보통 거북은 등딱지 양옆을 잡으면 끝인데, 이 녀석은 이 방법이 통하지 않아요. 보이는 것처럼 목이 길어서 사방팔방으로 머리를 휘두르며 물려고 덤비니까요. 등딱지의 뒤쪽을 잡을 수 있으면 좋겠지만, 뒷다리의 힘이 보통이 아니고 발톱도 길어서 공격당하면 아파서 눈물이 날 정도예요. 그럴 때는 배딱지 쪽에 손을 대고 목을 꽉 잡아 주면 좋아요.

자라

비싼 몸이니 소중하게, 공격적인 성격이니 조심스럽게!

파충류

등딱지 뒤쪽을 확실히 잡아요.

DATA

크기 50~80cm

자주 발견되는 장소
아프리카 대륙 중부나 북부, 아라비아 반도의 하천이나 연못, 호수뿐만 아니라 드물게 바다까지 흘러나오는 경우도 있어요.

생태 암컷은 훨씬 더 커요. 물고기나 새우, 게 등을 먹고 살아요.

"자라는 한번 물면 벼락을 맞을 때까지 놓지 않는다."라고 겁을 주는 어른도 있지요? 자라는 움직임이 매우 빠른 동물로, 긴 목이 특징이지요. 그리고 턱의 힘이 엄청나게 강력해서 물리면 크게 다칠 수 있어요.

축축한 늪지나 공원의 연못 같은 곳에서도 발견되는 경우가 있는데, 자라와 만나게 되면 절대로 가까이 다가가지 마세요. 한번 물고 늘어지면 쉽게 떨어지지 않는 건 사실이거든요. 하지만 벼락이 떨어질 때까지 놓지 않는다는 말은 농담일 뿐이에요. 자라 다리를 땅에 닿게 해 주거나 물에 넣어 주면 잘 떨어지니 안심하고 놓아주세요.

절대로 물리지 마라!

애완동물로 인기가 높은 자라는 잡기 매우 까다로워요. 손님 앞에서 자라를 만지다가 실수로 물려도 마음껏 아파할 수도 없고, 비싼 애완동물이니 떨어뜨려도 안 되지요. 그러니 절대로 물리지 않도록 조심하며 다뤄야 해요. 보통은 등딱지의 뒷부분을 양손으로 야무지게 잡아요. 자라가 심하게 발버둥을 쳐서 이 방법으로 잡고 있기 힘들다면 뒷다리 관절에 손가락을 끼워 넣어 배딱지를 같이 잡으면 좋아요.

뒷다리 관절에 손가락을 찔러 넣어 배딱지를 잡아요.

나일자라

작아도 물리면 큰일 나요!

Column 응용편 위험 동물!

다양한 동물을 제대로 잡는 방법을 배웠으니, 실력이 얼마나 늘었는지 시험해 보고 싶지 않나요? 지금까지 배운 기술을 응용하면 다루지 못할 동물이 없을 거예요. 하지만 절대로 도전하지 말아야 하는 동물도 있어요. 독사나 왕뱀, 악어처럼 매우 위험한 동물들에 함부로 다가가면 큰일 나요. 그래도 혹시 모를 상황이 찾아올 수 있으니, 그때를 대비해서 위험 동물을 다루는 방법을 동물원에 찾아가 배워 보았어요!

크고 재빠른 대형 자라

자라는 작은 종류만 있는 것이 아니에요. 몸집이 크면 클수록 무는 힘도 더 세고, 물속에서의 민첩함도 뒤처지지 않기 때문에 위험도가 높지요. 대형 자라한테 물리면 뼈까지 다칠 만큼 치명적이에요. 그러니 무조건 물리지 않도록 자라 뒤쪽에서 접근해서 뒷다리를 꽉 잡아요. 그대로 들어 올리면 되는데, 이때 다리를 물리지 않도록 조심하세요.

멋진 악당 악어거북

사람들이 더는 키울 수 없다고 마음대로 놓아주어서 한때 늑대거북과 나란히 화제를 몰고 다녔던 악어거북이에요. 카리스마 넘치는 외모 때문에 유행처럼 사육되던 때가 있었는데, 지금은 원수 같은 존재가 되었어요. 성미가 고약하고 눈앞에서 움직이는 것이라면 뭐든지 달려들어 공격을 해요. 악어거북을 다룰 때는, 물리지 않도록 뒤쪽에서 다가가요. 그리고 머리 윗부분의 등딱지와 등딱지의 뒤쪽을 꽉 잡고 머리를 앞을 향하게 해서 들어 올려요. 이렇게 하면 아무리 물려고 난리를 쳐도 공격할 수 없지요.

멋진 목도리처럼 보이나요?

아무리 좋아한다 해도 **왕뱀**은 무리!

왕뱀은 혼자서 만지면 절대로 안 돼요! 배가 고프지 않은 뱀을 만나 다행히 잡아먹히는 일을 피했다고 해도, 뱀이 몸을 칭칭 감으며 옥죄어 오면 혼자서 벗어날 수가 없어요. 이 행동은 뱀의 본능적인 사냥 방법인데, 먹잇감을 똬리 틀 듯 꽉 조여서 숨통을 끊은 다음 한입에 삼켜요. 발버둥 칠수록 더욱 센 힘으로 조이지요. 이렇게 위험한 동물이니 아무리 왕뱀을 좋아해도 혼자서 만지는 것은 무리겠지요? 반드시 두 사람 이상이 한 조를 이루어서 잡아야 해요. 한 사람은 꼬리를 단단히 붙잡고 다른 한 사람은 머리를 잡아 움직임을 조종해요. 뱀이 변덕을 부려 물려고 공격하지 않도록 머리를 잘 잡고 있는 것이 중요해요. 조금 작은 뱀이라면 혼자서 다룰 수도 있겠지만 그런 상황에도 반드시 도와줄 사람이 곁을 지키고 있어야 해요. 전문가 두 사람이 함께 잡을 때는 목도리처럼 목에 감아 보는 무모한 장난도 시도해 볼 수 있겠지요.

반드시 공격하는
아나콘다

아나콘다에게 물렸을 때 입을 억지로 떼려고 하면 살갗이 찢어지면서 엄청나게 아플 거예요. 아나콘다는 만나면 반드시 이빨을 드러내고 공격한다고 생각하면 돼요. 그러니 잽싸게 달려들어 목을 세게 조이는 것이 좋아요. 물론 숨을 쉴 수 있도록 조금은 여유를 줘야 하겠지요. 뱀의 몸은 매끈매끈해서 손이 미끄러지기 쉬우니, 가죽 장갑을 끼면 도움이 돼요. 물렸을 때도 어느 정도 보호해 줄 수 있기도 하고요. 그다음은 그대로 들어 올리면 돼요.

스네이크 후크

독사는 세 손가락으로 잡기

여러 종류의 독사가 있지만 잡는 방법은 같아요. 턱 뒤쪽에 엄지손가락과 가운뎃손가락을 대고 목을 움직이지 못하게 고정해요. 그러고는 머리를 집게손가락으로 눌러 세 손가락으로 움직임을 봉쇄하면 물리지 않아요. 머리를 잘 고정한 다음에는 꼬리나 몸통을 스네이크 후크에 휘감게 해서 안정시키면 공격하려는 모습을 보이지 않아요.

Approach 순서

1. 스네이크 후크로 머리를 눌러요.
2. 그대로 손으로 바꿔치기해요.
3. 세 손가락을 이용해서 잡아요.
4. 위로 들어 올려요.

독물총코브라는 적의 눈을 향해 맹독을 뿜어내기 때문에 고글로 눈을 보호해요.

방울뱀은 위협하는 소리가 무섭지만 잡는 방법은 같아요.

독도마뱀은 제법 뜨거운 녀석

뱀뿐만이 아니에요! 독을 가진 도마뱀도 있어요. 잡는 방법은 다른 도마뱀과 마찬가지로 머리와 꼬리가 시작되는 관절을 잡는 거예요. 일광욕을 해서 몸이 따끈따끈해진 녀석은 공격적으로 행동하니, 만약의 상황을 대비해서 사육사는 머리를 잡는 손에 가죽 장갑을 껴요.

악어 힘은 장난이 아니에요

작은 악어는 도마뱀을 잡듯 머리와 꼬리 관절을 잡으면 되지만, 큰 악어는 이 방법으로는 잡을 수 없어요. 힘이 센 꼬리를 경계하면서 머리를 밟아 입을 다물게 하고 다시 벌리지 못하도록 고무 밴드를 끼워요. 입을 다무는 힘은 강하지만 벌리는 힘은 약하기 때문에, 이렇게 해 두면 물릴 위험이 없어요. 다음으로는 꼬리를 조심하면서 두 사람이 힘을 합쳐 들어 올려요. 방심하면 안 된다는 점을 잊지 마세요. 사실 이렇게 큰 악어를 들어 올릴 일은 별로 없기는 해요.

approach 순서

1. 우선 머리에 고리를 걸어요.
2. 끌어서 밖으로 빼내요.
3. 물리지 않도록 머리를 밟아요.
4. 고무밴드를 입에 끼워 벌리지 못하게 만들어요.
5. 입을 열지 못하니 안심이에요.
6. 조금 얌전해졌을 때가 기회예요.
7. 두 사람이 힘을 모아서 들어 올려요.

마치며

어린 시절부터 동물을 무척 좋아해서 무슨 동물이든 발견하면 잡아서 길러 보았어요. 동물에 물리거나 찔려서 다치는 일도 많았고, 어떤 때는 키우는 방법을 잘 몰라서 동물을 죽게 한 적도 있지요.

이렇게 동물에 관심을 갖고 스스로 여러 가지 경험을 해 온 사람은 어른이 되어서도 동물이 있는 환경을 찾게 되는 모양이에요.

요즘의 동물과 자연에 대한 교육은 '보호'의 관점을 강조하는 것 같아요. '지켜야 하는 것', '소중히 생각해야 하는 것'이라고 가르치지요. 그런데 일상생활에서는 어떤가요? 야생 동물이 위험하고 멀리해야 하는 것이라고 강조하지는 않나요?

실제로 야외에서 동물을 만지고 있으면 "그러면 안 돼요!" 하고 혼나는 경우가 있어요. 개인이 소유한 땅이나 나라에서 보호하고 있는 지역이면 당연한 일이지만, 집 근처의 더러운 수로 혹은 강변에서 동물을 붙잡아도 잘못했다고 야단을 맞게 되지요.

이렇게 동물은 잡으면 안 되는 것으로, 점점 아이들의 관심 밖으로 사라졌어요. 아이들의 동물에 대한 무관심은 동물에 대한 무지로 이어졌지요.

아이들의 마음이란 어른의 잔소리와 훈계처럼 강요하는 목소리에는 움직이지 않아요. 아이들은 직접 실패를 경험하고, 혼나고, 상처를 받으면서 스스로 배워 간답니다. 다른 사람에게 배우는 것보다도 자기의 실패를 통해 배우는 것이 더 몸에 깊게 박히고 진정한 의미를 이해할 수 있는 참교육이지요.

동물을 그저 지켜보는 일은 무관심과 같다고 생각해요. 그래서 저는 동물을 지키는 일만 가치 있는 일이라고 가르치지 않고, 눈앞에 동물이 나타나면 올바른 방법으로 다루는 모습을 보이며 아이들에게 이렇게 이야기해 주고는 해요.

"동물은 이렇게 잡으면 된단다."

"이렇게 잡으면 손가락을 물려서 아파요."

"이 동물을 집에서 키우면서 관찰해 볼까?"

"키우기 어려우면 다시 자연으로 보내 주자."

그리고 많은 어린이들과 야외 활동을 하면서 동물들과 만나고 함께 시간을 보내기도 해요. 캠프나 바비큐를 하면서 주변이 지저분해지면 함께 깨끗하게 정리하고 돌아가도록 가르치지요.

이런 일들이 당연하다고 똑 부러지게 말할 수 있는 어른들이 많아졌으면 좋겠어요. 동물을 올바르게, 제대로 다루는 방법을 알면 멋진 어른으로 자랄 수 있다고 믿어요.

여러분도 이 책의 도움을 받아 동물과 직접 만나서 마음을 나누며 근사한 어른으로 자라 주길 바랄게요!

동물 사진작가 **마츠하시 도모미츠**

이 책에 등장하는 동물들

가

- 게아재비 ······················ 27
- 고슴도치 ······················ 88
- 고양이 ························ 76
- 골든햄스터 ···················· 62
- 구렁이 ························ 38
- 그레이트피레네 ················ 74
- 기라파톱사슴벌레 ·············· 53
- 깃동잠자리붙이 ················ 23

나

- 나일자라 ····················· 115
- 네덜란드드와프 ················ 81

다

- 다람쥐 ························ 58
- 다섯줄도마뱀 ·················· 37
- 닭 ···························· 66
- 도마뱀붙이 ···················· 36
- 도쿄달마개구리 ················ 35
- 두꺼비 ························ 34
- 두줄민달팽이 ·················· 33
- 디디에리사슴벌레 ·············· 52
- 된장잠자리 ···················· 23

라

- 레오파드게코 ················· 102
- 롭이어 ························ 80

마

- 마다가스카르히싱바퀴 ········· 55
- 마드라스파텐시스전갈 ········· 46
- 먹줄왕잠자리 ················ 22
- 물왕도마뱀 ·················· 96
- 물장군 ······················ 26
- 뭍게 ························ 31
- 미국가재 ···················· 28
- 미니어처닥스훈트 ············· 75
- 민물게 ······················ 31

바

- 방아깨비 ···················· 18
- 배추흰나비 ·················· 25
- 배치레잠자리 ················ 22
- 블랙스롯모니터 ·············· 99

사

- 사랑앵무 ···················· 82
- 사마귀 ······················ 21
- 산호랑나비 ·················· 24
- 송장헤엄치게 ················ 26
- 수단플레이트도마뱀 ··········· 98
- 시바견 ······················ 75
- 시벤락뱀목거북 ·············· 112

아

- 아카마타능구렁이 …………… 108
- 아프리카소쩍새 ………………… 84
- 악테온코끼리장수풍뎅이 ……… 51
- 알케스큰뿔맵시사슴벌레 ……… 52
- 야에야마점박이바퀴 …………… 55
- 야자집게(코코넛크랩) ………… 30
- 여섯갈래민꽃게 ………………… 30
- 여치 ……………………………… 19
- 오키나와왕노래기 ……………… 54
- 옴개구리 ………………………… 35
- 왕귀뚜라미 ……………………… 20
- 왕넓적사슴벌레 ………………… 53
- 왕사슴벌레 ……………………… 15
- 유대하늘다람쥐 ………………… 60
- 유럽왕무족도마뱀 …………… 111
- 유혈목이 ………………………… 39
- 육상달팽이 ……………………… 32
- 일본가재 ………………………… 29
- 일본장지뱀 ……………………… 37

자

- 작은주홍부전나비 ……………… 25
- 장구애비 ………………………… 27
- 장수잠자리 ……………………… 23
- 장수풍뎅이 ……………………… 12
- 정글리안햄스터 ………………… 63
- 제비나비 ………………………… 25
- 좀매부리 ………………………… 20

이 책에 등장하는 동물들

차

- 참나무하늘소·····················16
- 청개구리··························35
- 청띠제비나비····················25
- 초록나무비단구렁이···········107
- 친칠라····························56
- 칠리안로즈헤어·················48

카

- 코카서스왕장수풍뎅이··········50
- 쿠바이구아나···················101
- 큰소쩍새·························84

타

- 텐저린혼두란밀크스네이크······109
- 토케이게코·····················104
- 톱사슴벌레······················14

파

- 팬더마우스······················64
- 페럿······························78
- 프레리도그······················86

하

- 헤라클레스왕장수풍뎅이········50
- 호랑나비························24
- 황등색실잠자리·················23
- 황제전갈························47

127

신기하고 재미있는 동물을 만날 수 있는 곳

* 희귀 애완동물 전문점

만천곤충박물관

(07301) 서울특별시 영등포구 영등포로 180 (2층)
TEL: 02-2675-8724
홈페이지: http://www.dryinsect.co.kr

쩡글

(14635) 경기도 부천시 원미구 부일로449번길 40 4층
TEL: 070-8864-1307
홈페이지: http://www.jjungle.com

렙타일리아

(07944) 서울특별시 양천구 오목로 181
TEL: 02-2698-0803
홈페이지: http://www.reptilia.co.kr

* 동물원

서울대공원 Seoul Grand Park

희망과 삶의 활력이 느껴지는 힐링 동물원

(13829) 경기도 과천시 대공원광장로 102
TEL: 02-500-7335
홈페이지: http://grandpark.seoul.go.kr

Profile

지은이. 마츠하시 도모미츠

수족관에서 사육사로 일했던 것을 계기로 동물 사진작가가 되었습니다. 물가에 사는 동물이나 수족관과 동물원에 사는 동물, 특이한 애완동물을 촬영하고 있습니다. 지금은 어린이들을 위한 동물 책을 쓰고 있어요. 아이들에게 동물과 직접 만날 기회를 만들어 주고 싶은 마음으로 박물관에서 동물 교실 선생님으로도 활약하고 있어요. 우리나라에는 《동물을 제대로 잡는 방법》으로 처음 소개되었어요.
홈페이지: http://www.matsu8.com

감수. 조신일

서울대공원에서 야생 동물 전문경력관으로 근무하며 자연 학습 프로그램 개발을 하고 있어요. 요즘에는 도심에 반딧불이, 나비, 수서곤충류, 양서파충류를 위한 소생물의 서식 공간을 조성하고 복원하는 데에 관심을 갖고, 서울과 수도권의 습지를 연구하고 있습니다. 지은 책으로는 《잠자리야 날아라》 등이 있으며, EBS에서 방영되고 있는 다양한 자연 다큐멘터리를 오랫동안 감수해 오고 있습니다.

옮긴이. 허영은

홍익대학교대학원에서 미술사학을 전공했어요. 미술관과 박물관에서 6년간 학예직으로 일하면서 전시나 행사 기획, 홍보마케팅 업무를 담당했어요. 지금은 바른번역 글밥아카데미 일어 출판번역 과정 수료 후 번역가로 활동하고 있습니다.

SONOMICHINO PRONI KIKU IKIMONONO MOCHIKATA by Toshimitsu Matsuhashi
Copyright © Toshimitsu Matsuhashi 2015
All rights reserved.
Original Japanese edition published by DAIWASHOBO CO., LTD.
Korean translation copyright © 2017 by BomnamuPublishers, an imprint of Hansmedia Inc.
This Korean edition published by arrangement with DAIWASHOBO CO.,LTD., Tokyo, through Honno Kizuna, Inc., Tokyo, and BC Agency.

마츠하시 도모미츠 지음 | 조신일 감수 | 허영은 옮김

2017년 2월 6일 초판 발행 | 2024년 11월 5일 5쇄 발행
펴낸이 _ 김기옥 ● 펴낸곳 _ 봄나무 ● 아동 본부장 _ 박재성
디자인 _ 나은민 ● 영업 _ 서지운 ● 제작 _ 김형식 ● 지원 _ 고광현
등록 _ 제313-2004-50호(2004년 2월 25일) ● 주소 _ 121-839 서울시 마포구 양화로 13(서교동, 강원빌딩 5층)
전화 _ 02-325-6694 ● 팩스 _ 02-707-0198 ● 이메일 _ info@hansmedia.com

도서주문 한즈미디어(주)
주소 _ 121-839 서울시 마포구 양화로 11길 13(서교동, 강원빌딩 5층)
전화 _ 02-707-0337 ● 팩스 _ 02-707-0198

ISBN 979-11-5613-107-6 73490

● 이 책 내용의 일부 또는 전부를 재사용하려면 반드시 저작권자와 봄나무 양측의 동의를 얻어야 합니다.
● 책값은 뒤표지에 나와 있습니다.